市政路桥设计与工程施工研究

秦　阳　邱浩泽　张镝飞　著

辽宁大学出版社
Liaoning University Press

沈阳

图书在版编目（CIP）数据

市政路桥设计与工程施工研究/秦阳，邱浩泽，张镝飞著．--沈阳：辽宁大学出版社，2024．12．

ISBN 978-7-5698-1943-4

Ⅰ．U412.37；U448.15

中国国家版本馆 CIP 数据核字第 2024X5J717 号

市政路桥设计与工程施工研究

SHIZHENG LUQIAO SHEJI YU GONGCHENG SHIGONG YANJIU

出 版 者：辽宁大学出版社有限责任公司

    （地址：沈阳市皇姑区崇山中路 66 号 邮政编码：110036）

印 刷 者：沈阳市第二市政建设工程公司印刷厂

发 行 者：辽宁大学出版社有限责任公司

幅面尺寸：170mm×240mm

印 张：14.75

字 数：230 千字

出版时间：2024 年 12 月第 1 版

印刷时间：2025 年 1 月第 1 次印刷

责任编辑：李珊珊

封面设计：韩 实

责任校对：郭宇涵

书 号：ISBN 978-7-5698-1943-4

定 价：88.00 元

联系电话：024-86864613

邮购热线：024-86830665

网 址：http://press.lnu.edu.cn

导　　言

　　随着城市化进程的加快和城市规模的不断扩大，市政路桥的设计与施工成为城市基础设施建设的重要组成部分。市政道路和桥梁的规划、设计和施工不仅关乎城市交通的畅通和便捷，而且对城市经济发展、环境保护和市民生活质量的提升具有深远的影响。近年来，随着新型建材和先进施工技术的不断发展，市政路桥工程的设计理念与施工方法也在持续革新。因此，深入研究市政路桥设计与施工的理论与实践具有重要的现实意义。一、能够提升城市交通系统的通行能力，减少交通拥堵，改善市民的出行体验；二、优质的市政路桥设计与施工可以延长道路和桥梁的使用寿命，降低后期的维护成本；三、本书的研究为市政路桥工程的可持续发展提供了理论基础技术支持，助力城市基础设施建设的创新和进步。

　　本书《市政路桥设计与工程施工研究》以现代市政路桥设计与施工为主线，系统性地探讨了市政道路网规划、市政桥梁设计、市政路桥施工等关键内容。书中内容涵盖市政道路的基础设计、市政桥梁的结构与施工方法，结合实际工程案例，从理论与实践相结合的角度深入分析了市政路桥建设过程中常见的问题及其解决方案。

　　本书的研究目的在于为市政路桥设计与施工提供全面、系统的理论依据与技术参考，旨在帮助相关从业人员深入了解市政路桥建设的各个环节，提升市政路桥工程设计水平与施工质量，促进市政基础设施建设的现代化水平。本书通过对市政道路网规划、市政主次干路设计、桥梁施工技术等方面的深入解析，既为工程技术人员提供了技术指导，又为从事市政工程管理的相关人员提供了决策参考。

通过阅读本书，读者将全面掌握市政路桥设计与施工的最新技术和趋势，并了解如何在实际工程中运用这些理论与方法，以达到最佳的工程效果。希望本书能够为相关专业人士提供有效的帮助，并为我国市政工程领域的发展贡献力量。

作　者

2024 年 8 月

目　　录

图 目 录

表 目 录

第一章　市政路桥基础

第一节　市政道路设计绪论

一、市政道路设计的基本概念与原则

市政道路设计是城市规划和基础设施建设的重要组成部分，直接关系到城市交通系统的合理布局和运行效率。市政道路设计的合理与否，不仅影响交通流量的疏导，还对城市的经济发展、环境保护以及居民生活质量有着深远影响。因此深入理解市政道路设计的基本概念与原则，对于相关从业人员来说至关重要。

（一）市政道路设计的基本概念

市政道路设计是指在城市规划的框架下，对城市道路的布局、线形、断面形式、交叉口形式以及交通设施等进行系统设计的过程①。市政道路设计的目的是在满足交通功能的基础上，确保道路的安全、舒适、经济和美观。其设计内容包括道路等级的划分、横断面设计、纵断面设计、平面设计以及交叉口设计等。

1. 道路等级划分：市政道路根据其服务功能可分为快速路、主干路、次干路和支路等。不同等级的道路在设计中需考虑的因素有所不同，如交通量、通行速度、路面宽度等。快速路一般用于城市内外交通的快速转换，主

---

① 王志群. 海绵城市理念融入市政路桥设计的路径 ［J］. 建筑设计与研究，2024，5（4）.

干路则为城市内主要的交通干线，次干路和支路主要服务于局部交通。

2. 横断面设计：横断面设计是指道路横向的几何形态，包括机动车道、非机动车道、人行道及绿化带等的布置。合理的横断面设计能够有效区分不同类型交通的行驶空间，提高通行效率和安全性。对于主干道和次干道，需要考虑到机动车与非机动车的分离，以减少交通冲突。

3. 纵断面设计：纵断面设计是指道路在纵向的高程控制和坡度设计，合理的纵断面设计能够保证车辆在行驶过程中的安全和舒适性。纵坡过大或过小都会影响车辆的运行速度和安全性，特别是在坡道起伏较大的地形中，更需要精确的高程控制。

4. 平面设计：平面设计主要涉及道路的平面线形，包括直线段、曲线段以及交叉口的设计等，平面线形的设计直接影响到驾驶员的操作便捷性和安全性。合理的平面设计应尽量减少急弯和复杂的交叉口设置，确保车辆在正常行驶条件下的可操作性和安全性。

5. 交叉口设计：交叉口是城市道路交通流的重要节点，设计的好坏直接影响到道路的通行能力和安全性。交叉口设计应充分考虑各类交通参与者的行为习惯和安全需求，合理设置交通信号、标志标线、导向车道等设施，优化交叉口的通行效率。

（二）市政道路设计的基本原则

在市政道路设计过程中，需要遵循一系列的基本原则，以保证设计的科学性、合理性和可实施性，原则包括安全性原则、经济性原则、可持续发展原则、人性化设计原则等。

1. 安全性原则：市政道路设计的首要原则是确保道路使用者的安全，不仅要求在设计过程中考虑到行车速度、道路宽度、视距、坡度等影响因素，还需要关注交叉口、出入口、学校、医院等特殊区域的设计[①]。通过合理的道路几何设计和交通管理设施布置，降低交通事故的发生率。

2. 经济性原则：市政道路设计应在保证道路使用功能的前提下，合理

---

① Wan M. Design Strategy of Municipal Roads and Bridges Using BIM Technology [J]. Journal of World Architecture，2024，7（6）：64－69.

控制工程成本和维护费用。选择合理的设计方案、材料和施工方法，既能保证道路的长期使用性能，又能有效降低建设和运营成本。在路面结构设计中，需综合考虑使用年限、交通量、气候条件等因素，选择合适的材料和结构形式。

3. 可持续发展原则：现代市政道路设计应注重环境保护和资源节约，贯彻可持续发展的理念。通过绿化带的设计、低碳材料的使用以及排水系统的合理规划等措施，减少对自然环境的破坏。注重道路噪声污染、空气污染的防治，为市民提供一个更加环保和宜居的城市环境。

4. 人性化设计原则：市政道路不仅服务于机动车交通，更要关注非机动车和行人的使用体验。在设计中应充分考虑人行道、非机动车道的宽度、材质、标志标线的设置，提供便捷、安全的出行环境。同时还需考虑无障碍设施的设计，确保老年人、残疾人等特殊群体的出行需求。

（三）市政道路设计中的问题及对策

尽管市政道路设计有其基本的概念和原则，但在实际的工程实施过程中，仍然会面临许多挑战和问题。由于城市土地资源有限，部分路段的道路宽度受限，导致交通拥堵问题加剧。在这种情况下，通过优化平面线形设计、增加立体交叉口、提升公共交通服务水平等手段进行改善；加强对交通设施的科学管理和维护，提高道路使用效率。

市政道路设计是一个综合性很强的系统工程，涵盖多方面的设计内容和考虑因素。从道路等级的划分、横断面设计、纵断面设计到平面设计和交叉口设计，每一个环节都直接关系到城市交通系统的整体效能。在设计过程中，遵循安全性、经济性、可持续发展和人性化等基本原则，并根据实际情况采取相应的优化措施。通过科学合理的市政道路设计，能够有效提升城市的交通运行效率，改善居民的生活环境和质量。

二、市政道路设计的发展历程

市政道路设计的发展历程伴随着城市化进程的推进，不断经历着技术革新和理念更新。自古至今，不同历史时期的市政道路设计体现了当时的社会、经济、科技条件和城市规划思想的演变。从早期简单的道路铺设到现代综合性、科学化的市政道路系统设计，这一过程中，市政道路设计的标准、方法和材料等均发生了巨大变化。深入了解市政道路设计的发展历程，有助于把握设计的历史脉络和发展趋势，提升对市政道路规划与设计的综合理解。

（一）古代市政道路的起源与发展

市政道路的设计理念可以追溯到古代文明时期，古代城市由于规模较小，人口密度不高，道路的主要功能是满足行人和车马的基本通行需求。古埃及、古希腊和古罗马的城市道路设计较为典型，这些文明的城市道路布局体现了初步的规划意识。

古埃及的城市道路以直线为主，多为沙土路面，宽度不一，主要用于连接重要建筑和神庙。古希腊的城市道路设计则相对更加系统化，城邦城市以网格状街道布局为主，逐渐体现出对城市功能的初步规划意识，但由于交通工具和材料的限制，道路的使用寿命和承载能力有限。

古罗马被称为"道路之母"，其道路系统设计在古代世界中独树一帜。罗马人修建纵横交错、结构坚固的道路网，不仅服务于军队和商贸往来，还促进城市的扩展与经济发展。罗马道路采用石板铺设，并辅以排水设施，极大地提高了道路的耐久性和实用性。古罗马道路设计的科学性和实用性为后世的市政道路设计奠定了重要基础。

（二）中世纪市政道路的发展与挑战

进入中世纪，城市规模逐渐扩大，城市道路的规划和设计逐渐纳入城市发展的议程。但由于当时社会经济条件有限，中世纪的市政道路发展面临诸多挑战。

中世纪欧洲城市在城墙的保护下逐渐扩展，但由于早期的城市规划缺乏系统性，导致城市道路狭窄、蜿蜒，易于形成交通瓶颈和拥堵。特别是在市场、教堂等人口密集的区域，交通问题尤为突出。中世纪的道路多为碎石或泥土路面，缺乏有效的排水设施，遇到雨雪天气，道路泥泞不堪，影响交通。由于缺乏卫生意识，城市道路上常堆积垃圾，恶劣的环境条件制约了道路的使用功能和城市发展。

中世纪的市政道路设计开始关注城市功能分区与交通组织的结合，城市广场作为集市、宗教和政治活动的中心，成为城市道路网的枢纽节点。这种设计理念虽然未完全解决道路的拥堵问题，但为城市公共空间的设计提供了参考。

（三）近代市政道路设计的革新

进入近代，随着工业革命的爆发和城市化进程的加快，市政道路设计迎来了重要的转折点。道路设计开始系统化和科学化，功能与美观兼顾的理念逐渐形成[①]。

工业革命带来了城市人口的急剧增加和交通工具的革新，市政道路的设计和建设面临新的挑战。道路的承载能力、宽度和材料等设计参数被重新审视。石块路面、柏油路面等新的铺装材料开始使用，同时排水系统的设计逐渐受到重视，为解决城市内涝问题提供了技术支持。

19 世纪的现代城市规划理念逐渐形成，市政道路设计不再单独进行，而是与城市总体规划相结合。海斯曼和卡米洛·西特等城市规划学者提出的"功能分区"和"街区设计"理念推动了道路设计的创新。在这一时期，城市道路的布局和功能分区开始考虑交通流线、景观效果和城市功能的协调。

随着汽车的普及和交通量的增加，单一平面的城市道路系统已无法满足需求。19 世纪末到 20 世纪初，多层次交通系统逐渐在欧美城市中得到应用。立体交叉、环形交叉口、快速路系统等新型道路设计逐渐出现，有效提高城市道路的通行效率和安全性。

（四）现代市政道路设计的成熟与规范化

现代市政道路设计进入了高度成熟和规范化的阶段，随着科学技术的发展和城市化进程的加快，道路设计理念和方法不断得到完善。

20 世纪中期以后，交通工程学的发展，各国相继制定市政道路设计的标准和规范，对道路的几何设计、材料选择、排水系统、交通设施等进行详

---

① 肖桂丹. 市政路桥设计中 BIM 技术的实践思考［J］. 智能建筑与智慧城市，2023，（11）：82－84.

细规定。这些标准的建立不仅提升设计的科学性，还提高施工质量和道路使用寿命。

21世纪，智能交通技术和绿色设计理念逐渐融入市政道路设计中。交通监控系统、信号控制优化、公共交通优先等智能化措施的引入，有效提高了道路的通行能力。注重环境保护和可持续发展的绿色道路设计也日益受到重视，通过绿色隔离带、低碳路面材料的应用，减少交通对环境的负面影响。

表1-1 市政道路设计的发展历程

时间段	发展阶段	关键特征
古代 （公元前 3000 年－公元 500 年）	古代市政道路的起源与发展	古埃及、古希腊和古罗马的城市道路布局和铺设；古罗马道路系统的科学设计和排水设施。
中世纪 （公元 500 年－1500 年）	中世纪市政道路的发展与挑战	城市扩展与道路拥堵；道路维护和环境卫生问题；城市广场的功能化设计。
近代 （1500 年－1900 年）	近代市政道路设计的革新	工业革命带来的城市化进程加快；城市规划与道路设计结合；多层次交通系统的建立。
现代 （1900 年－至今）	现代市政道路设计的成熟与规范化	设计规范与标准的建立；智能交通系统和绿色道路设计的兴起。

市政道路设计的发展历程反映了不同历史时期城市建设和社会经济发展的特征。从古代简单的道路铺设到现代复杂的多层次交通系统，从中世纪的城市扩展到工业革命后的道路革新，再到现代规范化、智能化的设计阶段，市政道路设计不断进步和完善。每一个发展阶段都体现了技术的进步和理念的更新，为当代市政道路设计的实践提供了宝贵的历史经验和参考依据。通过总结和学习这些历史经验，能够更好地应对当今城市发展中的交通挑战，提升市政道路设计的科学性和合理性。

三、市政道路设计的重要性与影响

市政道路设计在城市建设中占据核心地位，其合理性直接关系到城市交通的畅通和居民生活的质量。市政道路不仅是城市的交通纽带，还是城市经济、社会、文化等多方面发展的重要支撑。设计过程中若忽视其重要性，会带来诸多社会问题，包括交通拥堵、环境污染、交通事故等。探讨市政道路设计的重要性及其对社会、经济、环境等方面的影响，具有非常重要的现实意义。

（一）市政道路设计对交通流畅性的影响

市政道路设计的合理与否，直接影响到城市交通的流畅性。合理的道路布局和设计能够有效缓解交通压力，提高通行效率。

1. 交通流线的组织与优化：市政道路设计需要充分考虑交通流量的分布和交通流线的组织，通过合理的道路等级划分和路网布局，优化交通流的走向和分布，减少交通拥堵。通过主干道、次干道和支路的分级设计，使各级道路承担不同的交通功能，有效避免交通流的集中和堵塞。

2. 交叉口设计的科学性：交叉口是城市交通系统中最易出现拥堵的节点，合理的交叉口设计能够显著提高交通通行效率。设计过程中应注重交叉口的几何形态、信号灯设置及交通标志标线的合理配置，确保各类交通流在交叉口的顺畅衔接。

3. 公共交通优先的设计理念：为提高城市交通的整体效率，现代市政道路设计中逐渐引入了公共交通优先的理念。通过设置公交专用车道、优化公交站点位置等措施，有效提高公共交通的通行速度和服务质量，鼓励市民选择公共交通工具出行，减少私家车的使用频率，从而缓解城市道路的交通压力。

（二）市政道路设计对城市经济发展的促进作用

市政道路设计不仅影响城市交通的流畅性，还直接关系到城市的经济发展。科学的道路设计能够提升城市的投资吸引力和商业活力。

1. 物流效率的提升：现代城市的发展离不开高效的物流体系，市政道路作为物流运输的基础设施，其设计水平直接影响到物流效率①。良好的道路设计可以减少运输时间和成本，提高物流企业的运营效率，促进商业活动的繁荣。快速路的建设能够实现城市内外的快速交通转换，为城市与周边地区的物资流通提供了便利条件。

2. 商业区和工业区的发展：市政道路设计还直接影响到城市商业区和工业区的发展布局，合理的道路设计能够优化城市功能分区，促进商业区和工业区的形成和扩展。道路的通达性和便捷性不仅影响到商铺、企业的选址，还影响到消费者的出行便利度和商业区的吸引力，进而影响到整个城市的经济活力。

3. 提升土地利用价值：市政道路的建设能够显著提高周边土地的可达性和开发价值，科学合理的道路设计能够提升沿线土地的价值和利用效率，促进城市用地的合理配置和发展。在新兴城市或城区扩展区域，合理的道路规划能够引导城市空间的有序扩展，避免土地资源的浪费和无序开发。

（三）市政道路设计对城市环境的影响

市政道路设计在影响交通和经济的同时，也对城市环境产生深远的影响。合理的设计有助于减少环境污染，改善城市生态环境。

1. 空气质量的改善：交通工具排放的尾气是城市空气污染的主要来源之一，通过科学的道路设计，合理控制道路的交通流量和通行速度，能够减少交通拥堵和车辆怠速状态，从而降低尾气排放对空气质量的影响。优化公交线路和站点布局，鼓励市民选择绿色出行方式，也能有效减少交通排放。

2. 噪声污染的控制：交通噪声是影响城市居民生活质量的主要因素之一，市政道路设计中通过合理选择道路材料、设置隔音屏障、优化交通流线等手段，可以有效降低交通噪声的影响。在居民区和学校附近，采用低噪声路面材料并设置绿化隔离带，以减少交通噪声的传播。

3. 生态环境的保护与改善：市政道路设计过程中充分考虑绿化带的配置和排水系统的设计，通过植被覆盖和水循环系统的优化，改善城市小气候

---

① 邱昱晨. BIM 技术在市政路桥设计中的运用与实践［J］. ART AND DESIGN，2023，1
（3）.

和生态环境。合理的绿化设计不仅美化城市环境，还可以降低热岛效应，调节温度和湿度，提供良好的生态效益。

（四）市政道路设计对社会生活质量的提升

市政道路设计的好坏直接关系到城市居民的生活质量，设计过程中需要充分考虑行人、非机动车和机动车的需求，确保各类交通参与者的安全和便利。

1. 出行安全的保障：安全是市政道路设计的首要原则，通过科学的道路几何设计、交通标志标线的合理设置以及行人过街设施的优化配置，显著提高道路的安全性。在学校、医院等重点区域，道路设计优先考虑行人的安全需求，设置人行天桥、地下通道或减速带等设施，减少交通事故的发生。

2. 无障碍出行环境的营造：现代市政道路设计注重社会的多样化需求，为老年人、残疾人等弱势群体提供安全、便捷的无障碍出行环境。设计过程中充分考虑人行道的宽度和坡度、无障碍通道的设置、盲道和警示标志的配置等，保障每一位市民的平等出行权利。

3. 步行和骑行空间的优化：随着城市绿色出行理念的普及，步行和骑行已成为市民日常出行的重要方式之一。市政道路设计中通过优化步行道和非机动车道的宽度、铺装材料和景观配置，为市民提供安全、舒适的步行和骑行环境，提升市民的生活体验。

市政道路设计不仅仅是一项工程技术工作，更是一项关乎城市整体功能、经济活力、环境质量和社会福祉的系统性任务。通过科学合理的市政道路设计，能够有效提升城市交通流畅性，促进经济发展，改善城市环境，提升社会生活质量。因此，在市政道路设计过程中，必须全面考虑各类因素和需求，确保设计的合理性、科学性和可持续性。这不仅对城市交通的顺畅运行起到关键作用，也为城市的长远发展奠定了坚实基础。

第二节　桥梁概述

一、桥梁的定义与分类

桥梁是交通运输系统的重要组成部分，承担着跨越河流、峡谷、铁路、道路等障碍的功能。桥梁的建设是城市发展和交通网络完善的关键环节。桥梁的设计和施工不仅需要考虑承载能力和结构安全，还涉及到桥梁的美观性、耐久性和经济性。了解桥梁的基本定义与分类，对桥梁设计与工程施工具有重要意义。

（一）桥梁的定义

桥梁是为跨越障碍物而修建的结构物，通常用于承载公路、铁路、人行道或其他交通线路[①]。桥梁的主要功能是为人、车辆和货物提供通道，连接被障碍物分隔的区域。桥梁不仅起到交通联通的作用，还在城市景观和区域经济发展中发挥着重要作用。

1. 桥梁的组成部分：桥梁通常由上部结构、下部结构和附属设施三部分组成。上部结构是桥梁的主体部分，包括桥面系（行车道、人行道、护栏等）和承重结构（主梁、拱圈、悬索等）；下部结构包括桥墩和桥台，起到支撑和传递荷载的作用；附属设施则是指伸缩缝、排水设施、照明系统等辅助设施。

2. 桥梁的功能特性：桥梁作为连接两个空间的结构，其功能特性包括承载能力、安全性、耐久性、舒适性和美观性等。承载能力是指桥梁在设计荷载下能够安全承载交通流和其他作用力的能力；安全性要求桥梁在正常使用和极端条件下不会发生失稳和破坏；耐久性指桥梁在长期使用过程中能够保持其功能和性能的能力。

---

　　① 邱学敏. 海绵城市理念融入市政路桥设计的路径［J］. 工程建设与设计，2023，（20）：57－59.

（二）桥梁的分类依据

桥梁的种类多样，根据不同的分类依据，可以将桥梁划分为不同的类别。常见的分类依据包括桥梁的用途、结构形式、施工方法、使用材料和跨越的障碍物类型等。

1. 按用途分类：根据桥梁的用途，桥梁分为公路桥、铁路桥、人行桥和管道桥等。公路桥用于承载公路交通，铁路桥专门用于铁路运输，人行桥则主要供行人通行，管道桥用于输送管道或电缆等。

2. 按结构形式分类：结构形式是桥梁分类的一个重要依据，常见的结构形式包括梁式桥、拱式桥、悬索桥和斜拉桥等。

梁式桥：梁式桥是最常见的桥梁形式，主要由横跨障碍的梁体组成。梁式桥结构简单，施工便捷，适用于中小跨度的桥梁建设。

拱式桥：拱式桥是以拱形结构为主的桥梁形式，利用拱圈的结构特点，将荷载通过拱圈传递到桥墩。拱式桥结构稳定，适用于大跨度和深水区域的桥梁建设。

悬索桥：悬索桥由悬挂的钢索和桥面系组成，钢索通过主塔和锚碇支撑，具有跨度大、结构轻盈的特点，适用于大跨度的跨海和跨江桥梁。

斜拉桥：斜拉桥通过斜拉索将桥面系连接到主塔，具有结构新颖、承载力大、施工方便等特点，适用于中长跨度的桥梁建设。

3. 按施工方法分类：根据施工方法，桥梁可以分为现浇桥、预制装配式桥和推移法桥等。

现浇桥：现浇桥是在现场浇筑混凝土而成的桥梁形式，适用于复杂结构和特殊条件下的桥梁施工。

预制装配式桥：预制装配式桥是在工厂预制桥梁构件，然后在现场进行拼装和连接，具有施工速度快、质量易控制等优点。

推移法桥：推移法桥通过将桥梁整体或部分在陆地上进行拼装，然后推移到预定位置的一种施工方法，适用于跨河、跨谷等特殊条件的桥梁建设。

4. 按使用材料分类：桥梁材料的选择直接影响桥梁的性能和使用寿命。按使用材料分类，桥梁可以分为木桥、石桥、钢桥、混凝土桥和组合材料桥等。

木桥：木桥是最早出现的桥梁形式，适用于小跨度的乡村道路或景观桥，但由于耐久性差，现代工程中已很少采用。

石桥：石桥具有良好的耐久性和稳定性，常用于古代桥梁建设，现代仍可见于部分景观桥。

钢桥：钢桥强度高、韧性好，适用于大跨度和重载荷的桥梁建设，广泛应用于现代工程中。

混凝土桥：混凝土桥包括钢筋混凝土桥和预应力混凝土桥，具有耐久性好、易于维护等优点，是现代桥梁建设的主流形式。

组合材料桥：组合材料桥将两种或多种材料结合使用，能够发挥各自材料的优势，如钢混组合桥、钢索组合桥等。

5. 按跨越的障碍物类型分类：根据桥梁所跨越的障碍物类型，可以将桥梁分为跨河桥、跨海桥、跨谷桥、跨道路桥和跨铁路桥等。

跨河桥：跨越河流的桥梁，需考虑河流的水文特性、通航要求和防洪能力等。

跨海桥：跨越海洋的桥梁，需面对风浪、海流、地震等复杂自然条件的挑战，通常采用大跨度结构形式。

跨谷桥：跨越峡谷的桥梁，需充分考虑地质条件和地形特点，通常采用拱式或悬索结构。

跨道路桥：跨越公路或铁路的桥梁，需考虑桥下通行车辆或列车的安全和桥梁的抗震性能。

桥梁的定义与分类是桥梁工程设计与施工的基础知识，桥梁作为跨越障碍的结构物，种类繁多，功能多样，不同类别的桥梁在设计、材料选择和施工方法上各有不同的要求。通过了解桥梁的基本定义和多种分类方法，可以更好地指导桥梁的设计和建设，提高桥梁工程的安全性、经济性和美观性，满足交通运输的实际需求。合理选择桥梁类型和设计方案，是确保桥梁工程成功的关键。

二、桥梁的构造与功能

桥梁作为重要的交通基础设施，连接了被障碍物分隔的区域，起到疏通交通、促进经济发展等作用。桥梁的构造与功能是桥梁设计与施工的核心内容，了解桥梁的构造及其功能对工程设计和建设具有重要意义。桥梁的构造主要包括上部结构、下部结构和附属设施，每一个部分都有其特定的功能和技术要求。通过对桥梁构造和功能的详细分析，可以更好地掌握桥梁工程的设计原则和施工技术。

（一）桥梁的上部结构与功能

桥梁的上部结构是桥梁的主体部分，直接承载交通荷载并将荷载传递到下部结构。上部结构的设计和施工直接关系到桥梁的承载能力、使用寿命和安全性。

1. 主梁和桥面系的构造与功能：主梁是桥梁上部结构的核心部分，负责承受并传递交通荷载。主梁根据结构形式分为简支梁、连续梁、悬臂梁等，桥面系是桥梁的上部平台，主要包括行车道、人行道、防护栏等部分，主要功能是承载行车荷载、保证行车安全以及防止车辆和行人坠落。桥面系设计＝考虑车辆行驶的舒适性和桥梁的美观性，通常使用钢筋混凝土或沥青混凝土进行铺装。

2. 桥拱的构造与功能：拱桥的上部结构由拱圈组成，拱圈通过水平推力和竖向支撑力传递荷载。拱圈的形状、材料和尺寸影响到桥梁的整体稳定性和耐久性。常见的拱桥有钢筋混凝土拱桥、钢拱桥和石拱桥等，拱桥因其优美的造型和良好的承重性能，在大跨度桥梁设计中得到广泛应用。

3. 悬索和斜拉索的构造与功能：悬索桥和斜拉桥的上部结构主要由悬索或斜拉索构成，索结构通过主塔和锚碇支撑，承载并传递桥面的荷载。悬索和斜拉索的材质和张力直接影响桥梁的安全性和稳定性，通常采用高强度的钢索，并辅以防腐蚀处理以延长使用寿命。

（二）桥梁的下部结构与功能

桥梁的下部结构是桥梁的基础部分，主要作用是将上部结构的荷载传递

13

到地基，并确保桥梁的整体稳定性和安全性。

1. 桥墩的构造与功能：桥墩是位于桥梁中间部分的支撑结构，其功能是将上部结构的荷载传递到基础，并抵抗横向水流的冲击。桥墩的形状、尺寸和材料应根据桥梁的跨度、荷载和地质条件进行设计。桥墩的材料通常采用钢筋混凝土或预应力混凝土，以提高其抗压和抗拉性能。

2. 桥台的构造与功能：桥台位于桥梁的两端，连接桥梁和路堤，起到支撑桥面和承受纵向推力的作用。桥台的设计需要考虑地基条件、桥梁荷载、抗震性能等因素，通常采用重力式桥台、悬臂式桥台和轻型桥台等形式。桥台的稳定性对桥梁整体结构的安全性至关重要。

3. 基础的构造与功能：基础是桥墩和桥台的承重部分，将上部结构和下部结构的荷载传递到地基。根据地质条件，桥梁基础采用浅基础（如扩大基础）或深基础（如桩基础、沉井基础）。基础的设计和施工需考虑地质勘察结果、荷载计算和施工工艺，确保基础的稳定性和抗沉降能力。

（三）桥梁的附属设施与功能

桥梁的附属设施是为了保证桥梁安全、舒适和耐久而设置的各种辅助结构和设备，包括伸缩缝、排水设施、照明系统、抗震装置等。

1. 伸缩缝的构造与功能：伸缩缝是设置在桥梁上部结构中的缝隙，用于适应由于温度变化、荷载变化和地震等原因引起的桥梁构件的伸缩变形。伸缩缝的设计考虑温度变化范围、材料的伸缩性能以及施工工艺，常用的伸缩缝类型有橡胶伸缩缝、钢伸缩缝等。

2. 排水设施的构造与功能：排水设施是桥梁的重要附属设施之一，其主要功能是迅速排除桥面和桥下的积水，防止水体对桥梁结构的侵蚀和破坏。桥梁排水系统通常包括桥面排水口、排水管道和排水沟等。合理的排水设计可以有效延长桥梁的使用寿命，避免路面滑湿对交通安全造成的影响。

3. 抗震装置的构造与功能：抗震装置是为了提高桥梁在地震中的抗震性能而设置的辅助结构，抗震装置包括抗震支座、隔震垫层和消能减震装置等，能够有效降低地震荷载对桥梁结构的冲击，减少结构损伤。抗震装置的设计结合桥梁的结构形式、地质条件和地震烈度等因素进行。

4. 照明系统的构造与功能：桥梁的照明系统主要包括路灯、指示灯和警示灯等，其主要功能是提供夜间和恶劣天气下的视线引导和安全警示。照明系统的设计需综合考虑桥梁长度、交通流量和美观性等因素，选择合适的灯具类型和布置方式，确保桥梁的行车安全和夜间景观效果。

表 1-2　　　　　　　　　　　　桥梁的构造

构造部分	构成要素	主要功能
上部结构	主梁、桥面系（行车道、人行道、防护栏）、拱圈、悬索、斜拉索	承载交通荷载并将其传递至下部结构，确保桥梁的承载能力、使用寿命和安全性
下部结构	桥墩、桥台、基础（浅基础、深基础）	支撑上部结构，将荷载传递到地基，保证桥梁的整体稳定性和安全性
附属设施	伸缩缝、排水设施、抗震装置、照明系统	保障桥梁的安全性、耐久性和舒适性，提供排水、防震和照明等功能

桥梁的构造与功能是桥梁设计与施工的核心内容之一，桥梁的上部结构主要包括主梁、桥面系、拱圈、悬索和斜拉索，承担并传递交通荷载；下部结构包括桥墩、桥台和基础，负责将荷载传递到地基并保证桥梁的稳定性；附属设施如伸缩缝、排水设施、抗震装置和照明系统等则为桥梁的安全性、耐久性和舒适性提供保障。通过深入理解桥梁的各构造部分及其功能，工程师可以在桥梁设计和施工中更好地满足安全性、经济性和美观性的要求，确保桥梁工程的成功实施。

三、桥梁设计的基本原则与要求

桥梁设计是市政工程建设中的重要组成部分，是实现桥梁安全性、经济性、功能性和美观性的关键。桥梁设计不仅需要满足交通和结构的基本要求，还需考虑环境、材料、经济性等多方面因素。科学合理的桥梁设计可以延长桥梁的使用寿命，降低维护成本，提高通行效率。明确桥梁设计的基本原则与要求，对于工程设计和施工具有重要的指导意义。

（一）安全性原则

桥梁设计的首要原则是安全性，桥梁作为交通基础设施，必须在各类荷载和自然灾害作用下保持结构的稳定和安全，避免出现断裂、倾覆和其他破坏现象。

1. 结构强度与稳定性：桥梁设计需确保结构在各种荷载作用下（如恒载、活载、风载、地震荷载等）具有足够的强度和稳定性。设计时需进行合理的荷载组合和结构分析，确保桥梁的各个构件能够安全承载设计荷载。计算需考虑桥梁材料的力学性能和构件的受力状态，保证桥梁的整体结构稳定性和抗倒塌能力。

2. 抗震性能要求：桥梁作为重要的交通通道，其抗震性能直接关系到在地震发生时的应急交通保障能力。抗震设计要求对桥梁结构进行地震力分析，采用抗震支座、消能减震装置等措施，确保桥梁在地震作用下不会发生重大结构损坏。设计过程中考虑桥梁的跨径、地质条件和区域地震烈度等因素。

3. 耐久性与抗腐蚀性：桥梁需要在自然环境中长期服役，耐久性是保证桥梁安全的重要指标。桥梁设计需考虑材料的抗腐蚀性和耐久性，在海洋环境中使用耐腐蚀钢材或进行混凝土的防腐处理。耐久性的设计还应包括对桥梁构件防水、排水系统的合理布置，防止结构因环境因素出现早期损坏。

（二）经济性原则

桥梁设计还应遵循经济性原则，在满足使用功能和安全性的前提下，合理控制工程造价和维护成本，达到效益最大化。

1. 合理选择结构形式和材料：不同的桥梁类型和结构形式适用于不同的工程环境和条件，设计时根据跨径、地质条件、交通需求等因素合理选择桥梁类型和结构形式，避免盲目采用高造价的复杂结构；根据工程的具体情况选用经济性好、耐久性强的材料，以降低施工成本和日后的维护费用。

2. 优化施工工艺和流程：桥梁设计需充分考虑施工过程中的经济性，优化施工工艺和流程，减少施工难度和成本。选择预制装配式结构以提高施工速度，减少现场工作量，降低人工成本和施工风险；设计中考虑现场运输和吊装设备的能力，避免过于复杂的施工工艺。

3. 生命周期成本管理：桥梁设计不仅要考虑建设期的成本，还应重视桥梁的全生命周期成本管理，包括维护、加固和拆除的费用。通过合理设计延长桥梁的使用寿命，减少因材料老化和结构损坏而产生的维护成本，是实现桥梁经济性的重要途径。

（三）功能性原则

桥梁设计必须满足交通功能和使用需求，确保桥梁在使用过程中能够高效、安全、便利地服务于各类交通工具和人群。

1. 交通通行能力要求：桥梁的通行能力是其基本功能之一。设计时根据交通流量预测合理确定桥面宽度、车道数和交通标志标线的布置，确保桥梁具有足够的通行能力，能够适应交通量的变化和增长。对于大型桥梁，设置人行道和非机动车道，以满足多种交通方式的需求。

2. 行车舒适性与安全性：桥梁设计需保证行车的舒适性和安全性，尤其是曲线半径、坡度、视距等几何参数的合理布置。设计时尽量避免急弯、陡坡和视距不足等情况，同时设置防撞护栏、防滑路面等设施，以提高行车的安全性和舒适性。

3. 人性化设计与无障碍要求：桥梁设计中应充分考虑行人、老年人、残疾人等弱势群体的需求，确保桥梁具有人性化设计。设置无障碍通道、扶手和警示标志等设施，保障所有人群的通行安全和便利。

（四）美观性原则

桥梁作为城市景观的一部分，其美观性对城市形象和文化具有重要影响。桥梁设计应兼顾功能和美学，打造和谐的城市景观。

1. 造型设计与城市景观协调：桥梁的造型设计应与周围环境和城市风貌相协调，避免过于突兀的设计。通过合理的结构形式选择和造型设计，使桥梁与自然景观、城市建筑相辅相成，达到美观和谐的效果。特别是城市中的标志性桥梁，更需注重美观和文化内涵的结合，体现城市的特色和风貌。

2. 材料和颜色的选择：桥梁的美观性还与材料和颜色的选择密切相关。设计时应根据桥梁的功能、位置和环境，选用适宜的材料和颜色搭配，增强桥梁的视觉效果。钢桥采用现代感强的金属色，混凝土桥则可以结合自然景观使用暖色调或原色设计。

3. 夜景照明设计：夜景照明设计是桥梁美学设计的重要组成部分。合理的照明设计不仅能提高桥梁的夜间辨识度和安全性，还能丰富城市夜景，提升城市文化品位。照明设计应考虑灯具类型、布置位置和光线效果等因素，确保美观与功能的有机结合。

表 1-3　　　　　　　　　　　桥梁设计的基本原则

设计原则	内容描述
安全性原则	确保桥梁在各种荷载和自然灾害作用下保持结构的稳定和安全，防止断裂、倾覆等结构失效。
经济性原则	在满足使用功能和安全性的前提下，合理控制工程造价和维护成本，达到经济效益最大化。
功能性原则	满足桥梁的交通通行能力和使用需求，确保桥梁在使用过程中高效、安全、便利地服务交通。
美观性原则	兼顾桥梁的功能性和美观性，使桥梁与周围环境和城市景观和谐相融，提升城市形象和文化价值。

桥梁设计的基本原则与要求涉及安全性、经济性、功能性和美观性四个方面。在桥梁设计过程中，需综合考虑结构的安全性能、工程成本、使用功能和景观效果，确保桥梁工程能够满足交通需求、经济合理、结构安全、造型美观。通过合理的设计和创新的工程技术手段，可以提高桥梁的使用寿命和运营效率，减少维护成本，打造兼具功能性和艺术性的桥梁工程，为城市交通系统的完善和城市形象的提升作出积极贡献。

四、桥梁工程的历史与发展

桥梁工程的发展历程反映了人类社会的发展进步和科技水平的演变，从最早的木桥和石桥，到近代的钢铁桥梁，再到现代的大跨度悬索桥和斜拉桥，桥梁工程在不同历史时期都有其独特的特征和技术革新。桥梁作为跨越自然障碍的重要结构形式，在促进交通、经济和社会发展方面发挥了不可替代的作用。了解桥梁工程的历史与发展，可以更好地把握桥梁设计和施工技术的演变，推动未来桥梁工程的进一步创新和发展。

（一）古代桥梁工程的起源与早期发展

桥梁工程的历史可以追溯到数千年前的古代文明时期，古代桥梁主要以木材和石材为主要材料，结构形式简单，适用于小跨度的跨越需求。

早期木桥和石桥的应用：在古代，人类为了跨越河流和沟壑，最初使用天然材料如木材和石块搭建简易桥梁。木桥作为最早的桥梁形式，易于建造，但耐久性差，易受水害和火灾的影响。石桥由于其良好的耐久性和稳定性，在古希腊和古罗马时期得到广泛应用。古罗马的石拱桥尤为著名，如庞贝的石拱桥，展示了古代桥梁工程的技术成就。

古代拱桥的出现与发展：拱桥的设计理念源自古罗马时期，罗马人利用拱形结构的受力特性，建造大量的石拱桥，如罗马的图拉真桥和庞特－杜加尔桥。这些桥梁不仅展示拱桥在结构力学上的优势，还体现古代工程师在建筑材料和施工技术上的创新。拱桥的出现大大提高了桥梁的跨越能力和使用寿命，成为古代桥梁工程的典范。

东方古代桥梁的独特发展：在中国和其他东方文明中，桥梁工程也取得独特的发展。中国古代的梁桥和拱桥，如赵州桥和卢沟桥，展示当时桥梁设计的高超技艺。赵州桥作为世界上现存最早的敞肩石拱桥，其设计理念和施工工艺对后世产生了深远影响。中国古代桥梁工程不仅重视功能性，还强调桥梁的美观性和环境的融合。

（二）近代桥梁工程的革新与发展

进入近代，工业革命带来了材料科学和工程技术的突破，桥梁工程迎来了新的发展阶段。钢铁和混凝土的出现和应用，推动了桥梁结构形式和施工方法的革新。

钢铁桥梁的兴起：19世纪中期，随着钢铁生产技术的进步，钢铁逐渐成为桥梁建设的主要材料。钢铁桥梁具有强度高、韧性好、施工便捷的特点，适用于大跨度桥梁的建设。1867年，英国的克利夫兰桥成为世界上第一座全钢结构桥梁，标志着桥梁工程进入了钢铁时代。世界各地兴建了大量的钢结构桥梁，如美国的布鲁克林大桥和英国的泰晤士大桥，这些桥梁成为了桥梁工程历史上的重要里程碑。

混凝土桥梁的发展：20世纪初，随着混凝土技术的发展，混凝土桥梁逐渐普及。钢筋混凝土和预应力混凝土的应用，使得桥梁的承载能力和耐久性大大提高。混凝土材料的塑性和可模性，为桥梁设计提供了更大的自由度。巴黎的加里波第桥和美国的金门大桥等混凝土桥梁，展示了混凝土在大跨度和复杂结构桥梁中的应用潜力。

现代桥梁设计理论的形成：近代桥梁工程的发展不仅依赖于材料科学的进步，还得益于结构力学和土木工程理论的不断完善。悬索桥、斜拉桥和拱桥的设计理论逐渐成熟，计算方法和施工技术不断革新，为桥梁工程的进一步发展奠定了基础。特别是20世纪中后期，计算机技术的应用极大地推动了桥梁设计和结构分析的科学化和精确化。

（三）现代桥梁工程的创新与挑战

进入现代，桥梁工程进入了高度专业化和多样化的发展阶段。新材料、新结构和新技术的不断涌现，为桥梁工程带来了新的机遇和挑战。

大跨度桥梁的建设：现代桥梁工程中，大跨度桥梁的建设成为一个重要的发展方向。大跨度桥梁能够实现跨越更大距离的要求，适用于跨海、跨江等复杂地理条件下的桥梁建设。世界上著名的大跨度桥梁如日本的明石海峡大桥、中国的港珠澳大桥等，展示现代桥梁工程的技术实力。这些桥梁在材料选择、结构设计和施工技术上实现了多项突破，如高强度钢材的使用、风洞试验的应用和精密的吊装技术等。

智能桥梁与信息化管理：随着科技的进步，智能桥梁概念逐渐进入工程实践。智能桥梁通过传感器和信息系统对桥梁的应力、位移、振动等状态进行实时监测，实现桥梁的智能化管理和维护。现代桥梁工程开始注重桥梁的全生命周期管理，从设计、施工到运营维护，利用大数据和物联网技术，提高桥梁的安全性和使用寿命。

环保与可持续发展要求：现代桥梁工程还需面临环保与可持续发展的挑战，桥梁的建设和使用不可避免地对环境产生一定影响，如占用土地、改变水文环境等。现代桥梁设计需考虑环境保护和资源节约，采用环保材料和绿色施工技术，减少桥梁建设对生态系统的破坏。现代桥梁工程不仅强调技术和功能的创新，还强调与自然环境的和谐共生。

表 1-4　　　　　　　　　桥梁工程发展阶段及代表桥梁

时间段	发展阶段	代表桥梁
古代	桥梁工程的起源与早期发展	古罗马的图拉真桥、庞特－杜加尔桥；中国的赵州桥、卢沟桥
近代（19 世纪中期 20 世纪初）	近代桥梁工程的革新与发展	英国的克利夫兰桥、布鲁克林大桥；美国的金门大桥
现代（20 世纪中期至今）	现代桥梁工程的创新与挑战	日本的明石海峡大桥、中国的港珠澳大桥

　　桥梁工程的发展历史是一部人类科技进步和社会发展的历史，从古代的木桥和石桥到近代的钢铁桥梁，再到现代的大跨度桥梁和智能桥梁，桥梁工程在不同时期展现了不同的技术成就和工程理念。桥梁作为重要的交通基础设施，在连接不同区域、促进经济发展和增强社会交流方面发挥了重要作用。回顾桥梁工程的历史与发展，有助于更好地理解现代桥梁工程的技术路径和未来挑战，为持续创新和优化桥梁设计与施工提供重要借鉴。

第二章 市政道路网规划与设计

第一节 市政道路网规划与评价

一、市政道路网规划的基本内容

市政道路网规划是城市交通系统规划的核心内容之一，直接关系到城市的交通组织、土地利用以及社会经济发展。合理的道路网规划能够有效提高城市交通的效率和安全性，促进城市空间的有序扩展，并为市民提供便捷的出行条件。市政道路网规划的基本内容涉及道路网布局、道路功能分级、道路技术标准、交通设施配置等方面。

（一）道路网布局

道路网布局是市政道路网规划的基础内容，决定了城市交通的组织形式和运行效率。科学合理的道路网布局应充分考虑城市的发展规模、地形特征和交通需求，确保交通流的畅通和安全[①]。

1. 方格网布局：方格网布局是一种传统的城市道路网形式，特点是道路呈正交网格状布置，街道均匀分布，便于城市空间的划分和土地的开发利用。这种布局方式在一些历史悠久的城市中较为常见，如美国纽约的曼哈顿地区。方格网布局的优点是交通路网规则、路线选择多样，但缺点是容易形成交通拥堵，尤其是在交叉口区域。

---

① 邱学敏. 市政路桥中的安全性与耐久性设计 [J]. 中国高新科技，2023，（20）：73－74＋77.

2. 放射环状布局：放射环状布局是一种常用于现代大城市的道路网布局形式，以城市中心为起点，向外呈放射状延伸，同时通过环形道路进行连接。这种布局方式能够有效分流市中心的交通压力，提高城市交通的整体效率。北京的道路网布局就是典型的放射环状布局，结合了环路和放射性主干道，有效组织了城市交通流。

3. 自由布局：自由布局是根据城市地形和功能分区进行灵活设计的道路网形式，适用于地形复杂或城市形态较为特殊的地区，如山区城市或滨水城市。自由布局能够更好地适应地形条件，但对规划设计的要求较高，需综合考虑交通流线和土地利用的协调性。

（二）道路功能分级

道路功能分级是市政道路网规划中的重要内容，其目的是根据道路的功能和服务对象，对城市道路进行分类，以合理组织交通流，确保不同类型的交通需求得到满足。

1. 快速路：快速路是城市道路网中的最高等级道路，主要用于承担城市内部和外部交通的快速转换功能。快速路通常设有隔离带、出入口较少，设计时速较高，如高速公路和城市快速路。快速路设计应着重考虑交通安全和通行效率，通过高架桥、隧道和立交桥等形式，减少平面交叉口，保证交通流的快速和畅通。

2. 主干路：主干路是连接城市各主要功能区和交通枢纽的骨干道路，主要承担中长距离交通流的运输任务。主干路的通行能力较强，但低于快速路，主要服务于市内车辆。主干路的设计需充分考虑交通量、交通流组织和道路宽度等因素，设置合理的交叉口和交通控制设施，保证交通流的连续性和安全性。

3. 次干路：次干路是服务于城市局部区域交通的中等等级道路，主要连接主干路和支路。次干路的通行能力和交通服务水平介于主干路和支路之间，通常用于连接居住区、商业区等功能区。设计中充分考虑与主干路和支路的衔接，以及沿线土地利用和出入口设置，保证交通流的有序和安全。

4. 支路：支路是服务于局部地区的低等级道路，主要承担短距离、局部交通流的集散功能，服务于居住区、商业区、工业区等局部区域。支路的设计应注重人性化和安全性，通常设置人行道、绿化带、停车设施等，满足市民的生活和交通需求。

（三）道路技术标准

道路技术标准是市政道路网规划中的技术基础，主要涉及道路的宽度、车道数、路面结构、行车速度等具体技术参数。合理的道路技术标准设计能够有效提高道路的通行能力和使用寿命。

1. 道路宽度与车道数：道路的宽度和车道数是决定道路通行能力的关键因素之一，快速路和主干路的宽度和车道数相对较多，一般为双向六车道或八车道；次干路和支路的车道数较少，一般为双向两车道或四车道。设计中需根据交通量预测数据合理确定车道数和道路宽度，避免道路资源的浪费或不足。

2. 路面结构设计：路面结构是影响道路使用寿命和行车舒适性的关键因素，常见的路面结构类型包括沥青路面、混凝土路面和复合路面等。沥青路面具有良好的舒适性和耐久性，适用于大多数城市道路；混凝土路面则适用于重载交通和气候条件较为恶劣的地区。路面设计需根据交通量、气候条件和地质状况等因素进行选择和优化。

3. 行车速度与交通控制：道路的设计行车速度直接影响到道路的安全性和通行效率。快速路设计时速一般为 $80-120$ km/h，主干路为 $40-60$ km/h，次干路为 $30-40$ km/h，支路为 $20-30$ km/h。交通控制设施包括信号灯、标志标线、护栏等，设计时需综合考虑交通流特征和安全要求，合理设置和配置。

（四）交通设施配置

交通设施配置是市政道路网规划的重要组成部分，涉及到各种交通管理和服务设施的布置和设计。合理的交通设施配置能够提高道路的通行效率和安全性，改善交通环境。

1. 交通信号与标志标线：交通信号灯和标志标线是道路交通管理的重要工具，能够有效引导交通流，保障行车安全。规划时合理布置交通信号灯，确保交通流的有序和畅通；根据道路的等级和功能，设置相应的标志标线，如人行横道线、车道分隔线、限速标志等。

2. 公交设施与站点设置：公交设施和站点的合理设置对公共交通系统的运行效率和服务水平具有重要影响，公交站点应尽量设置在居民区、商业区和交通枢纽附近，并与步行系统无缝衔接，方便市民换乘和出行。公交专用道和港湾式公交站台的设置能够有效提高公交车的通行效率和安全性。

3. 停车设施与非机动车道：停车设施和非机动车道的规划设计是改善城市交通环境的重要内容，停车设施的设置应根据用地性质和交通需求，合理规划停车场和路侧停车位。非机动车道的设计应充分考虑骑行安全和行车舒适性，与机动车道和人行道分隔清晰，避免交通冲突。

市政道路网规划是城市交通系统规划的核心环节，涉及道路网布局、道路功能分级、道路技术标准和交通设施配置等多方面内容。科学合理的市政道路网规划能够有效组织交通流，减少交通拥堵，提高通行效率，为城市的可持续发展提供有力支持。通过深入了解市政道路网规划的基本内容，能够更好地指导城市交通系统的优化和完善，提升城市居民的出行体验和生活质量。

二、市政道路网规划的评价指标

市政道路网规划的评价是确保规划方案合理性和科学性的重要环节，评价指标的设定直接关系到规划效果的准确评估，进而影响道路网的实际建设和运行。科学的评价指标体系能够从不同的角度综合反映道路网的性能，包括其通行能力、安全性、经济性和环境影响等。了解市政道路网规划的评价指标，有助于优化道路规划设计，提高城市交通系统的整体效率和服务水平。

（一）通行能力指标

通行能力是衡量市政道路网规划效果的关键指标之一，反映了道路网的交通流量承载能力和道路的通行效率[①]。

1.道路容量：道路容量是指单位时间内通过某一特定断面的最大交通量，是评价道路网通行能力的重要基础指标。道路容量的大小取决于道路的几何设计（如车道宽度、车道数）、交通控制设施（如信号灯、标志标线）以及交通流特性（如车速、车距）。高质量的市政道路网规划应确保道路容量能够满足当前和未来一定时期内的交通需求。

2.交通流量与饱和度：交通流量是道路实际承载的交通数量，是对道路容量的具体体现。饱和度是交通流量与道路容量的比值，是衡量道路利用效率的重要指标。饱和度越高，说明道路的使用程度越高；当饱和度接近1时，道路将出现拥堵。合理的市政道路网规划应平衡交通流量和道路容量，避免过度饱和或道路资源浪费。

3.通行速度与延误时间：通行速度和延误时间是评价道路网通行效率的核心指标，通行速度指车辆在道路上行驶的平均速度，而延误时间则是由于交通控制、交通拥堵等原因导致的时间损失。合理的道路网规划应通过优化路网布局和交通组织，减少交通延误，提高通行速度，提升整体交通效率。

（二）安全性指标

安全性是市政道路网规划中必须高度重视的因素，评价道路网规划的安全性指标，主要包括交通事故率、交通设施的安全性和行人非机动车的保护。

1.交通事故率：交通事故率是反映道路交通安全性的重要指标，通常以一定时间或一定交通量内的事故发生次数来表示。较低的交通事故率意味着道路设计和交通组织更加合理。市政道路网规划应注重道路几何设计、交通控制设施设置和交通流组织的优化，降低交通事故率。

2.交通设施的安全性：交通设施的安全性包括交通信号灯、标志标线、护栏等的合理性和有效性，这些设施能够引导和规范交通流，减少交通冲突

① 牛亚婷，杜德志.市政路桥设计中BIM技术的应用研究［J］.建筑与施工，2023，2（6）：4-5.

和意外事故的发生。合理的规划应充分考虑交通设施的布置和维护，确保其符合相关标准和使用需求。

3. 行人和非机动车的安全保护：市政道路网规划需关注行人和非机动车的安全。通过设置人行横道、过街天桥、非机动车道和安全隔离带等设施，保护行人和非机动车的出行安全，避免交通事故的发生。合理的规划应体现对所有交通参与者的关怀，确保交通安全。

（三）经济性指标

经济性是市政道路网规划的重要评价指标之一，涉及道路建设和运营的成本效益分析。高效的规划在满足交通需求的同时，降低工程成本和后期维护费用。

1. 建设成本：建设成本是指道路网规划实施过程中所需的资金投入，包括道路建设、拆迁补偿、基础设施配置等费用。合理的市政道路网规划应在满足交通功能的前提下，优化设计方案，降低建设成本，避免过度投资和资源浪费。

2. 维护与运营成本：维护与运营成本是指道路在运营期间的维护、管理和运营所需的费用。高质量的道路网规划不仅应考虑建设阶段的投入，还应注重未来的维护和管理成本。采用耐久性好、维护费用低的材料和设施，可以有效降低道路的全生命周期成本。

3. 土地利用效率：土地利用效率是衡量市政道路网规划经济性的一个重要指标，合理的规划提高土地的开发利用率，避免占用过多土地或造成土地资源的浪费。通过科学的道路网布局和功能分区，实现土地资源的最优配置和使用。

（四）环境影响指标

环境影响是现代市政道路网规划中必须考虑的重要因素，合理的规划应最大程度减少道路建设和运营对自然环境和城市生态的负面影响。

1. 空气质量影响：道路交通是城市空气污染的重要来源之一，尤其是尾气排放对空气质量有较大影响。市政道路网规划需充分考虑交通流量和车速对空气质量的影响，优化道路布局和交通组织，减少车辆怠速和交通拥堵，降低尾气排放量。

2. 噪声污染控制：交通噪声是影响城市居民生活质量的主要因素之一，合理的道路网规划在噪声敏感区域（如住宅区、学校、医院等）采取有效的噪声控制措施，如设置隔音屏障、优化道路设计、控制车速等，减少交通噪声的影响。

3. 生态环境保护：市政道路的建设不可避免地会对生态环境产生一定影响，包括植被破坏、水体污染和动物栖息地破坏等。合理的道路网规划避免或减少对自然生态的破坏，保护城市的绿色空间和生态系统。通过合理的选址、绿化带设计和排水系统规划，实现生态环境的可持续保护。

市政道路网规划的评价指标体系涉及通行能力、安全性、经济性和环境影响等多个方面，科学合理的评价指标体系能够全面反映道路网规划的质量和效果，为优化规划设计提供依据。通过对不同评价指标的分析和评估，市政道路网规划可以更好地实现提高交通效率、保障安全、节约成本和保护环境的目标，为城市的可持续发展提供有力支持。

三、市政道路网规划的方法论

市政道路网规划的方法论是指导城市道路网规划设计的理论基础和技术手段，不同的规划方法论反映了不同的城市发展理念和交通组织模式。在实际规划过程中，结合城市的具体发展条件、交通需求、地形特点和社会经济状况，选择适合的规划方法，确保道路网规划的科学性和合理性。了解市政道路网规划的方法论，有助于提高道路网规划的系统性和针对性，优化城市交通系统的布局与运行。

（一）交通需求预测方法

交通需求预测是市政道路网规划的基础环节，通过分析和预测未来一定时期内的交通需求，为道路网布局和设计提供依据[①]。合理的交通需求预测方法可以准确评估未来交通流量和出行特征，确保规划的前瞻性和有效性。

---

① 黎婧. 安全性与耐久性在市政路桥设计中的重要性分析［J］. 中华建设，2022，（12）：89－91.

1. 四阶段法：四阶段法是交通需求预测的经典方法，包括出行生成、出行分布、交通方式划分和交通分配四个阶段。出行生成预测城市各区域的出行量；出行分布确定出行的起讫分布；交通方式划分预测出行者选择的交通方式；交通分配确定交通流在道路网络上的具体分布。四阶段法能够系统地预测交通需求，为道路网规划提供全面的数据支持。

2. OD 矩阵法：OD（Origin－Destination）矩阵法是一种基于区域间出行需求的交通预测方法，通过分析出行的起点和终点之间的交通流量，构建 OD 矩阵，反映城市各区域之间的出行关系。OD 矩阵法可以更直观地分析交通流量的空间分布特征，有助于识别交通压力较大的区域，为道路网规划提供精细化的数据基础。

3. 大数据与人工智能技术应用：随着大数据和人工智能技术的发展，交通需求预测方法逐渐从传统的统计模型向智能化、实时化方向发展。通过对交通流量监测数据、出行轨迹数据、社交媒体数据等多源数据的综合分析，建立更加精确的交通预测模型，提高预测结果的准确性和动态调整能力。

（二）道路网布局优化方法

道路网布局优化是市政道路网规划的核心内容，其目的是在满足交通需求的基础上，优化道路网的空间布局和功能配置，提高交通系统的效率和服务水平。

1. 层次结构布局法：层次结构布局法是一种基于道路功能分级的道路网布局方法，根据城市不同区域的交通需求，将道路分为快速路、主干路、次干路和支路等多个层次，每个层次的道路承担不同的交通功能。层次结构布局法强调道路网的分级和合理衔接，既保证主干路和快速路的通行效率，又确保次干路和支路的可达性和安全性。

2. 交通流均衡分布法：交通流均衡分布法的核心是通过合理规划道路网布局，减少交通流的集中和拥堵现象，实现交通流的均衡分布。该方法强调交通分区和功能分区的协调，合理设置交通枢纽和交叉口，优化道路网的交通组织。通过调整道路网的布局结构，平衡各路段的交通流量，提高整个道路网的运行效率。

3. 多目标优化法：多目标优化法综合考虑交通流、建设成本、土地利用、环境影响等多种因素，对道路网布局进行优化设计。多目标优化法通常采用数学模型和算法求解，如线性规划、遗传算法和模糊优化方法等，寻求各个目标的最佳平衡点。该方法能够在多种约束条件下实现综合优化，适用于复杂的城市道路网规划场景。

（三）道路网评估与改进方法

市政道路网规划不仅仅是前期的设计过程，还需要在实施过程中不断进行评估和改进。通过合理的评估和改进方法，确保道路网的规划效果和长期效益。

1. 交通模拟仿真法：交通模拟仿真法是一种通过计算机模拟来评估道路网规划效果的方法，该方法利用微观和宏观交通流模型，模拟交通流的运行过程，评估不同规划方案的通行能力、交通延误、事故风险等指标。交通模拟仿真法能够直观反映规划方案的优劣，为方案的优化调整提供科学依据。

2. 出行行为分析法：出行行为分析法通过对实际出行数据的分析，了解市民出行模式和行为特征，评估道路网规划的适应性和效果。该方法通常通过调查问卷、移动数据分析等手段获取出行数据，分析不同出行者在不同时间、地点的出行规律，为道路网规划的改进提供参考。

3. 反馈优化法：反馈优化法是一种基于动态调整的道路网规划改进方法，通过对道路网运行状态的实时监测和数据反馈，分析交通流的变化趋势和拥堵节点，及时调整道路网规划和交通控制策略。该方法适应性强，能够根据实际情况进行快速调整，提高道路网的运行效率和服务水平。

（四）综合协调方法

市政道路网规划需要综合考虑交通、土地利用、环境保护等多种因素，采用综合协调的方法进行统筹规划，确保各个要素的协调发展。

1. 土地利用与交通规划一体化方法：土地利用与交通规划的一体化方法是将城市土地开发和交通系统规划相结合，协调两者的发展方向和布局安排。通过合理的土地利用规划，引导城市发展方向，优化交通需求分布，减少不合理的交通压力，提高道路网的服务效率。

2. 绿色交通规划方法：绿色交通规划方法是在市政道路网规划中融入环境保护和可持续发展的理念，倡导公共交通优先、非机动车友好和步行系统完善的规划原则。通过设置公交专用道、非机动车道和步行道，减少小汽车的依赖，降低交通对环境的负面影响，实现交通系统的绿色和低碳发展。

3. 公共参与与多方协商方法：公共参与与多方协商方法强调在市政道路网规划过程中，充分听取公众、专家和利益相关者的意见和建议。通过公众参与和多方协商，提高规划决策的科学性和民主性，确保规划方案更好地满足市民的出行需求和社会发展的实际需要。

图 2－1　市政道路网规划的方法论

市政道路网规划的方法论涉及交通需求预测、道路网布局优化、道路网评估与改进以及综合协调等多个方面，科学合理的方法论是市政道路网规划成功的关键。通过多种方法的综合应用，确保道路网规划的科学性、系统性和适应性，提高城市交通系统的运行效率和服务水平，为城市的可持续发展提供坚实保障。

第二节　市政道路网规划设计方法

一、市政道路网规划的技术要求

市政道路网规划是城市规划的重要组成部分，直接影响城市的交通效率和城市空间结构的合理性。科学合理的市政道路网规划需要考虑多方面因素，包括道路的功能定位、交通流量、通行能力等。为了确保市政道路的合理布局和功能的充分发挥，相关的技术要求必须明确。以下是市政道路网规划的若干技术要求的详细分析。

（一）道路的功能分级与布局规划

市政道路根据其在城市交通体系中的功能和服务对象的不同，可分为主干路、次干路、支路等不同等级。不同等级的道路承担不同的交通功能，如主干路主要承载城市长距离、大容量的交通流量，起到连接各大功能区的重要作用；而次干路则在主干路之间起到连接作用，为中距离交通服务；支路主要为局部区域提供出行服务。在市政道路网规划中，明确各级道路的功能定位，并依据城市的发展规模、用地布局和交通需求进行合理的道路布局规划[①]。

在实际操作中，根据城市的具体情况，遵循"主次分明、合理配比"的原则，确保各级道路网络的功能互补和通达性。通过合理设置道路等级，有效分流交通，减少交通拥堵，提高通行效率。各级道路的布局应兼顾城市整体的空间布局和功能需求，做到交通与城市功能相适应。

（二）道路断面的设计与通行能力的匹配

在市政道路网规划中，道路断面的设计直接影响道路的通行能力和使用效率。断面设计主要包括机动车道、非机动车道、人行道等组成部分的宽度和数量设置。科学合理的断面设计需基于交通流量预测结果，确保道路能够在交通高峰期保持畅通。

为达到这一目的，规划人员需要对城市现有交通流量进行分析，并结合未来发展预期进行科学预测。在此基础上，确定不同等级道路的机动车道和非机动车道的宽度和车道数。断面设计还需考虑到交通安全、人流量、停车需求等因素，以便为市民提供安全、便捷的出行环境。主干路在断面设计时需要兼顾快速通行与安全性，设置中央隔离带及非机动车道，而次干路和支路则应更多地考虑行人通行的安全性。

---

① 何鹏，周东平，张吉发. 市政公路桥梁设计中的安全性和耐久设计探讨［J］. Art and Design，2022，1（11）：7—9.

（三）道路交叉口的规划与设计

道路交叉口是市政道路网规划中的重要组成部分，其设计质量直接关系到整个城市道路网的通行效率和安全性。在交叉口的设计中，优先考虑其安全性和通行能力，合理确定信号灯配时和交通组织方式，避免交通拥堵和事故高发。

交叉口的规划与设计根据道路等级和交通流量特点进行科学布局，主干道之间的交叉口采用立体交叉或环形交叉方式，以提高通行效率和安全性；而次干道或支路交叉口则可采取平面交叉方式，通过优化信号灯配时和设置合理的交通标志标线来提高通行能力和安全性。考虑慢行交通的通行需求，为行人和非机动车提供安全的过街设施和空间。

（四）路网密度与道路宽度的协调

合理的路网密度和道路宽度是市政道路网规划中两个重要的参数，它们直接影响城市交通的畅通性和土地的利用效率。在规划中，结合城市的发展需求、地形条件、土地利用状况等多方面因素，确定合理的路网密度和道路宽度。

城市中心区域由于交通需求较大，道路网密度应适当提高，主要通过增加次干道和支路的密度来提升通达性和分流能力。而在城市外围区域，则可适当降低路网密度，更多依赖主干道来承载交通流量。在道路宽度的设计上，以实际交通需求为依据，避免因道路宽度过大造成土地资源浪费，同时也避免道路过窄导致的交通拥堵问题。

（五）交通流量的预测与评估

市政道路网规划的基础是交通流量的科学预测与评估，交通流量预测需要基于现有的城市交通数据，通过使用交通模型和大数据分析工具，对城市交通发展趋势进行科学评估。不仅为道路的宽度设计、断面规划等提供数据支撑，也为交叉口的设计、交通信号的配时等提供依据。

交通流量的预测与评估应根据城市的发展阶段和交通模式的演变进行动态调整，城市化快速发展的阶段，机动车流量增长较快，此时需要加强主干道的通行能力；而在城市逐渐成熟和交通需求趋于稳定的阶段，则注重多种交通模式的协调与平衡。通过科学预测和动态评估，可以使市政道路网规划更具前瞻性和实用性。

市政道路网规划是一项综合性、系统性的工作，其技术要求涵盖道路功能分级与布局规划、道路断面设计、交叉口规划、路网密度与宽度协调、交通流量预测等多个方面。只有在充分考虑各类技术要求的基础上，进行科学合理的规划，才能确保市政道路网络的高效运行，为城市居民提供安全、便捷的出行环境。通过完善市政道路网的规划和设计，有效提升城市的整体交通水平，促进城市功能的充分发挥和经济的持续发展。

二、市政道路网规划的软件应用

随着信息技术的迅猛发展，软件工具在市政道路网规划中的应用已成为趋势。现代市政道路网规划不仅需要基于实际的交通需求进行合理的设计和布局，还需要借助专业的软件进行复杂数据的分析与模拟。软件的应用大大提高了规划设计的科学性和准确性，使得规划过程更加高效和精细化。

（一）地理信息系统（GIS）在道路网规划中的应用

地理信息系统（GIS）是一种用于采集、存储、分析和展示地理空间数据的工具，广泛应用于市政道路网的规划设计中。GIS能够集成城市地形、土地利用、道路现状等多种数据，帮助规划人员更直观地分析和设计市政道路网[①]。

在实际应用中，GIS主要用于城市道路网的空间分析与评价，包括道路密度分析、道路通达性分析和交通流量分布等。在进行道路密度分析时，通过GIS软件将城市划分为不同的区域，并计算每个区域的道路长度和面积，从而得出该区域的道路密度。对于通达性分析，GIS能够通过路径分析功能，计算不同地点之间的最短路径和最快路径，为道路网的优化提供数据支持。GIS还可以将交通流量数据可视化，帮助识别交通瓶颈和问题路段，进而制定更具针对性的规划方案。

---

① 黎婧. 海绵城市理念在市政路桥设计中的渗透［J］. 城市建设理论研究（电子版），2022，（32）：46－48.

（二）交通规划与仿真软件的应用

交通规划与仿真软件是市政道路网规划过程中另一类常用的软件工具，它们能够模拟真实交通环境下的道路网络运行情况，评估不同规划方案的效果。常用的交通规划与仿真软件包括 VISSIM、TransCAD、CUBE 等，这些软件能够模拟各种复杂交通流的行为，为市政道路网的规划提供科学依据。

交通仿真软件的应用主要体现在交通流量预测、路网优化和交通管理措施的评价等方面。VISSIM 软件通过微观仿真技术，模拟道路网络中的每一辆车的行驶行为，帮助规划人员评估不同路段的通行能力和交通流的变化情况；而 TransCAD 等软件则能够基于城市整体交通网络模型，进行交通流量预测和路网优化分析，为道路规划提供宏观指导。通过仿真结果的分析，规划人员可以更好地评估不同方案的优缺点，从而选择最优的规划方案。

（三）三维建模软件在道路规划中的作用

三维建模软件如 AutoCAD、Civil 3D 和 SketchUp 等在市政道路网规划中也发挥了重要作用，这些软件能够构建道路及其周边环境的三维模型，为规划人员提供一个直观的视图，从而更好地进行规划设计和决策。

通过三维建模，规划人员可以模拟出道路设计的实际效果，如道路的纵横断面、坡度、视距等参数。Civil 3D 软件特别适用于市政道路的精细化设计，它能够提供多种道路设计工具，并生成详细的施工图纸和材料清单，帮助规划人员完成从设计到施工的全过程；而 SketchUp 等软件则更侧重于视觉效果展示，通过简单易用的操作界面，快速建立道路和周边环境的三维模型，为规划方案的汇报和评审提供有力支持。

（四）智能交通管理系统（ITS）与道路网规划的结合

智能交通管理系统（ITS）集成了现代信息技术、传感技术和计算机技术，通过对道路网络的实时监测和管理，提高道路的通行效率和安全性。在市政道路网规划中，ITS 技术的引入可以对道路网进行动态优化，提升城市整体交通管理水平。

在实际应用中，ITS 可以通过摄像头、传感器和交通流量检测器等设备，实时获取道路网络的交通数据，并通过后台系统进行数据分析和处理。

基于分析结果，ITS可以对交通信号灯的配时进行优化调整，控制车辆通行速度，从而减少交通拥堵。ITS还能够实时监控道路施工、事故等突发情况，并通过交通诱导系统，及时向驾驶员发布绕行信息，保障道路网的高效运行。

（五）大数据分析技术在道路网优化中的应用

大数据分析技术是近年来在市政道路网规划中崭露头角的新兴技术，通过对大量交通数据的收集、分析和处理，大数据技术能够揭示道路网运行中的潜在问题，为优化道路网规划提供数据支持。

在市政道路网的优化中，大数据分析技术可以帮助规划人员精确掌握交通流量的时空分布特征，识别高峰时段和拥堵路段，为优化道路断面设计和交叉口改造提供依据。通过对历史交通事故数据的分析，还可以发现道路安全隐患，制定有针对性的安全改进措施。大数据分析技术还可以预测未来交通需求的变化趋势，帮助规划人员制定更具适应性的道路网规划方案。

市政道路网规划的软件应用已成为提升规划科学性和精细化水平的重要手段，通过GIS系统进行空间分析与评价，利用交通规划与仿真软件模拟不同方案的效果，采用三维建模软件进行设计展示，结合智能交通管理系统进行动态优化，再加上大数据分析技术的支持，规划人员能够更好地理解和应对复杂的城市交通问题。合理选择和应用这些软件工具，不仅能够提升市政道路网规划的效率和精度，也能够有效提升城市的整体交通管理水平，满足市民日益增长的出行需求。

三、市政道路网规划的创新思路

在现代城市化进程中，传统的市政道路网规划方法已经难以应对复杂的交通需求和快速变化的城市环境。创新思路的引入，不仅能够提升道路网的功能和效率，还能够更好地满足城市的可持续发展需求。以下将从多方面探讨市政道路网规划的创新思路，以推动市政工程更好地服务于城市居民的生活和工作。

（一）多模式交通融合的道路网规划

随着城市交通需求的日益多元化，仅依靠单一的机动车交通方式已无法解决城市交通问题。在市政道路网规划中，引入多模式交通融合的理念是提升交通系统效率的重要手段。这种创新思路要求在规划阶段充分考虑不同交通模式的相互衔接和协调，包括公共交通、自行车道、步行空间等。

多模式交通融合的道路网规划要明确各交通模式的功能定位和服务范围，将快速公交系统（BRT）与城市主干道相结合，提高长距离出行的效率；在商业区和居民区等区域内设置高密度的自行车道和步行道，鼓励市民采用绿色出行方式。同时在重要交通节点和换乘枢纽处，规划无缝衔接的换乘设施，如步行天桥、自行车停车场等，以提高不同交通模式之间的便捷性。通过优化多模式交通的布局和配置，可以更好地发挥各交通模式的优势，实现整体交通效率的提升。

（二）"海绵城市"理念在道路网规划中的应用

"海绵城市"理念是一种应对城市雨水管理问题的创新方法，旨在通过提高城市的"吸水、蓄水、渗水和净水"能力，减少城市内涝和水资源浪费。在市政道路网规划中，引入"海绵城市"理念可以有效提升道路的排水能力和环境友好度。

在实践中，采用"海绵城市"理念进行道路网规划时，结合透水铺装、下沉式绿地、雨水花园、植被浅沟等设施设计。在道路断面设计中，采用透水性路面材料，减少雨水径流量，并通过绿化带设置下沉式绿地，将雨水引导至绿地内进行自然渗透和过滤，避免道路积水问题。还可以在道路两侧设置雨水花园和植被浅沟，进一步增加城市绿地面积，提升生态环境质量。通过这样的规划设计，不仅可以提高道路的排水能力，还能为市民提供更优质的出行环境。

（三）智能交通系统与道路网规划的深度融合

智能交通系统（ITS）在提高城市交通管理效率方面具有显著优势，其与市政道路网规划的深度融合是未来城市交通发展的重要方向。智能交通系统包括智能信号控制、交通监控、车流引导等多个方面，通过实时数据采集和分析，实现对城市道路网络的智能化调控。

在具体规划中，充分考虑ITS系统的需求和应用场景。在主干道和次干道的交叉口设置智能信号控制系统，通过实时监测交通流量，动态调整信号灯的配时，提高交叉口的通行效率；在城市主要进出口设置交通诱导屏，根据实时路况数据为司机提供最佳行驶路线；在交通流密集的商业区、学校区等地段，采用智能监控和预警系统，提前发布拥堵和事故信息，保障道路畅通和行车安全。通过智能交通系统与道路网的有机结合，可以显著提升城市交通的应急处理能力和整体运行效率。

（四）基于大数据分析的道路网优化策略

大数据分析技术的发展，为市政道路网的优化提供了强有力的支撑。传统的道路网规划方法通常依赖于静态的交通调查数据，难以全面反映交通流动的时空变化特征。而大数据技术能够通过整合多种数据源（如车辆轨迹数据、手机信令数据等），对城市交通状况进行实时监测和分析，识别交通拥堵规律和瓶颈问题，为优化道路网提供科学依据。

在具体应用中，基于大数据分析的道路网优化策略可以分为几个步骤。通过数据采集平台收集交通流量、速度、拥堵指数等实时数据；利用数据挖掘技术识别交通瓶颈路段、事故高发区等问题区域；依据分析结果，提出有针对性的优化方案，如调整车道布局、增加右转专用车道、优化信号灯配时等；持续监测优化方案的实施效果，进行动态调整和优化，确保道路网的高效运行。

（五）共享交通模式对道路规划的影响

共享交通模式的兴起，如共享单车、共享汽车等，对市政道路网的规划提出了新的挑战和机遇。共享交通的特点是灵活便捷、环保高效，但在实际运行中，会带来乱停乱放、交通拥堵等问题。因在市政道路网规划中，需要充分考虑共享交通的需求，进行合理的空间和设施布局。

在实践中，共享交通的规划应从以下几个方面入手。合理规划共享单车和共享汽车的停放点，避免影响正常交通流线；在共享交通密集区域，如地铁站、商业区等，设置专用停车区和调度站，规范共享车辆的停放和管理；还应与智慧交通系统联动，通过大数据分析和智能调度，提高共享交通的使用效率和服务水平。通过合理引导共享交通的发展，可以更好地缓解城市交通压力，提升道路网的整体运行效果。

市政道路网规划的创新思路需要从多方面入手，充分考虑城市的多样化交通需求、环境友好性和智能化管理水平。通过多模式交通融合、"海绵城市"理念的引入、智能交通系统的深度融合、大数据分析的优化策略以及共享交通模式的合理规划，有效提升市政道路网的综合功能和运行效率。合理应用这些创新思路，不仅能够提高城市交通的便利性和安全性，还能为城市的可持续发展奠定坚实基础。

第三节　市政道路系统的具体规划网

一、城市道路系统的层次结构

城市道路系统是城市交通网络的基础，其科学合理的规划与设计对城市交通的高效运行至关重要。城市道路系统的层次结构是指根据不同道路的功能、服务范围和交通流量的差异，对城市道路进行分类和层次划分，从而形成一个有机的、互补的交通网络。合理的层次结构能够提升道路网的整体通达性和运行效率，有助于实现不同交通方式的有效衔接。

（一）快速路系统的功能与布局

快速路系统是城市道路系统的最高层次，主要承担城市内部快速通行的功能，连接各主要功能区和对外交通枢纽。快速路一般采用全封闭或半封闭的设计形式，设有中央隔离带，并通过立交桥和隧道实现不同方向交通的无缝转换，以避免与其他交通流的交叉干扰。快速路的设计重点在于减少出入口数量和加强通行能力，以满足城市远距离、大容量的交通需求。

在快速路的布局上，应以服务城市主要经济和文化中心、重要对外交通枢纽为重点，并结合城市总体规划和土地利用布局进行合理设置。快速路的选线应避开城市密集的居民区和商业区，以减少噪音和空气污染等环境问题。同时考虑与高速公路、城市主干道的衔接，确保形成一个连贯的、覆盖全城的快速路网络，支撑城市的快速发展和扩展。

（二）主干路系统的规划要求

主干路系统是城市道路系统的第二层次，起到连接快速路与次干路的纽带作用，主要服务于城市中长距离的交通流。主干路通常是城市交通网络的骨架，其通行能力和服务水平直接影响城市交通的整体运行质量。主干路的设计要求是在保持较高通行能力的同时，兼顾沿线用地的可达性和城市景观的协调性。

在主干路的规划中，遵循"主次分明、合理布局"的原则。主干路的选线应以服务城市主要功能区、交通枢纽和大型公共设施为主，形成一个覆盖城市主要发展方向的骨干网络。主干路的断面设计应根据交通流量、车道数量、非机动车和行人交通需求等因素进行科学确定，并设置合理的绿化隔离带、慢行系统等设施，提升道路的综合服务水平。

（三）次干路的分布与功能

次干路是城市道路系统中连接主干路和支路的中间层次，主要服务于城市短距离交通和分流主干路交通压力。次干路的规划布局对于提升城市道路网的通达性和灵活性具有重要意义。与主干路相比，次干路的交通功能较弱，但其可达性要求更高，通常承担一定的集散和分配交通功能。

在次干路的分布设计上，以覆盖城市主要居民区、商业区和教育区等功能区域为重点，形成与主干路相辅相成的道路网络。次干路的设计重点考虑交通安全和城市生活环境的协调，设置合理的人行道、自行车道和停车设施，以满足不同交通参与者的需求。同时避免在次干路上设置过多的信号灯和复杂的交叉口，以减少不必要的交通延误和事故风险。

（四）支路系统的布局与特点

支路是城市道路系统中服务范围最小、功能最为细化的一类道路，主要用于服务城市局部区域的交通出行需求。支路的设计目标是提高城市微观层面的交通可达性，促进局部地区内部的交通流畅。在城市道路网络中，支路的数量最多，但其交通功能相对较弱，通常不承载大规模的交通流。

支路的布局应充分结合城市的用地布局和现状条件，做到与主干路和次干路的合理衔接。支路的设计应以安全性和便利性为核心，特别是在居民区、学校区和商业区等区域，优先考虑行人和非机动车的通行需求。支路的宽度、转弯半径等设计参数应根据交通流量和周边环境条件进行优化设置，确保道路使用的舒适性和安全性。

（五）步行系统与非机动车系统的整合

步行系统和非机动车系统是城市道路系统的重要组成部分，是支撑绿色出行和低碳交通的重要基础设施。合理的步行系统和非机动车系统规划，不仅能够改善城市交通环境，还能提高居民的出行便利性和生活质量。在城市道路系统的层次结构中，步行系统和非机动车系统应与机动车系统相辅相成，形成多层次的交通网络。

在步行系统和非机动车系统的规划中，充分考虑与主干路、次干路和支路的衔接与整合，确保行人和非机动车在不同等级道路之间的无缝衔接。具体措施包括设置人行天桥、地下通道、自行车专用道、慢行绿道等，提升出行安全性和便利性。合理的绿化和景观设计也能够提高步行和非机动车系统的吸引力，促进城市可持续交通体系的发展。

城市道路系统的层次结构是市政道路网规划设计的核心内容，合理的层次结构不仅能够提高城市道路网络的通达性和运行效率，还能够促进城市功能的有序分布和高效运转。快速路、主干路、次干路和支路各自承担不同的交通功能，形成一个互相衔接、互为补充的有机整体。通过科学合理的层次划分和规划布局，可以有效提高城市交通系统的整体运行效率，为城市的可持续发展提供坚实的基础。

二、市政道路网的布局与形态

市政道路网的布局与形态对城市交通的通达性、土地利用效率和城市空间的组织结构具有重要影响，合理的道路网布局可以提高交通效率，减少拥堵，促进城市各功能区之间的联系，并提升城市整体的环境质量和居民生活水平。市政道路网的形态设计根据城市的地形特征、发展方向、功能布局和交通需求等因素进行科学规划。以下从多方面探讨市政道路网的布局与形态的设计要点及其实际应用。

（一）网格式道路布局的特点与应用

网格式道路布局是一种常见的市政道路网形态，通常以规则的方格网结构来组织城市道路网络。网格式布局的主要特点是道路相互平行和垂直，形成一个规则的网格状，具有通达性好、交通流量均匀分布、可达性高等优点。网格式布局适用于地形较为平坦、城市发展较为均衡的区域。

在实际应用中，网格式布局常用于老城区和新城区的开发。通过网格式布局，可以使城市的各功能区块均匀分布，并通过均衡的路网密度提升交通流的疏散能力。美国纽约的曼哈顿区采用了网格式布局，大大提高区域内道路的可达性和通行效率。网格式布局的缺点是交叉口数量较多，容易造成信号灯设置复杂，增加通行延误。在城市道路网规划中，结合实际情况对网格式布局进行优化设计，如通过设置单行道、交通分流等方式，减少交通冲突和延误。

（二）放射状与环状道路布局的组合

放射状与环状道路布局是一种将主干路以中心为起点，呈放射状向四周延伸，并辅以环状道路将各放射道路相互连接的布局形态。这种布局形式有助于集中与分散交通流量，提高城市中心与外围区域之间的联系效率。放射状道路布局适用于城市中心与外围之间有强烈交通需求的情况，而环状道路则起到分流与转换交通流的作用，减少城市中心的交通压力。

在实际规划中，放射状与环状布局的组合广泛应用于大中型城市的总体交通规划中。北京的道路网布局采用了"环线＋放射线"的结构，中心城区为核心，外围区域通过多条环路和放射线相互连接，实现了交通的集散和转化。这种布局方式的优势在于，可以有效地分流交通流量，提高道路网络的运行效率，同时保持城市中心的通畅。在环状道路与放射道路的交汇处，需加强交通节点的设计与管理，防止出现拥堵和安全隐患。

（三）树状道路布局的适用场景

树状道路布局是一种类似树枝分布的道路网形态，其主干道相当于树干，次干道和支路如同树枝和树叶，呈辐射状分布。树状布局的特点是层次清晰、结构简单，交通流导向明确，适合于交通量不大且发展方向明确的区域。

在实际规划中，树状布局常用于住宅区、工业区等相对封闭的区域或功能单一的城市新区。住宅小区的内部道路通常采用树状布局，以便形成安全、安静的居住环境；树状布局的优点在于交通管理简单，交通流导向明确，可以避免外来交通的干扰。其缺点则在于由于过于依赖主干道的通行能力，一旦主干道发生交通事故或阻塞，整个区域的交通受到较大影响。在树状布局的规划中，需要考虑多条主干道之间的联通和备用通道的设置，以提升整体道路网的应急能力。

（四）自由式道路布局的灵活性与挑战

自由式道路布局是一种根据地形、土地利用、现状建筑等条件灵活布置的道路网形态，不受传统几何形态的约束。这种布局形式能够较好地适应复杂的地形条件和多样化的城市发展需求，通常用于山地城市或历史城区的道路规划。

自由式布局的优势在于其高适应性，能够充分利用地形条件和现有用地，实现因地制宜的规划设计。意大利的罗马城由于历史悠久，其道路网布局采用了自由式布局，与城市肌理和历史文化风貌高度融合。自由式布局也存在挑战，主要表现在交通流的组织和管理较为复杂，容易导致交通流线不清晰和交通冲突。在自由式布局的规划中，需通过科学的交通组织与引导，确保道路网的通达性和运行效率。

（五）混合型道路布局的综合应用

混合型道路布局是一种结合多种道路布局形态的综合性布局方式，旨在发挥各类布局的优势，形成一个多层次、多样化的城市道路网络。这种布局方式通常根据城市的功能分区和交通需求的差异，分别采用不同的布局形态，从而实现交通效能最大化。

在混合型道路布局的规划中，需综合考虑各类道路布局形态的适用场景和特点。在城市核心区和发展轴线采用放射状与环状布局，增强区域间的交通联通；在新区和边缘区采用网格式布局，提升可达性和土地开发的灵活性；在地形复杂的区域则采用自由式布局，充分利用自然条件。通过混合型道路布局的综合应用，形成一个既能满足城市快速发展需求，又能兼顾城市多样性和特色的高效道路网络。

市政道路网的布局与形态设计是城市规划中的重要内容，科学合理的布局形式能够显著提升城市的交通效率和环境质量。网格式、放射状与环状、树状、自由式以及混合型布局各有其适用场景和优劣势，在实际规划中，根据城市的具体情况和发展需求，灵活运用多种布局方式。通过合理的布局与形态设计，市政道路网可以更好地服务于城市的功能需求，促进城市的可持续发展。

三、市政道路网的交通组织

市政道路网的交通组织是城市交通管理的核心环节，直接影响城市道路的通行效率、安全性和服务水平。科学合理的交通组织能够有效分配交通流量，缓解交通拥堵，降低交通事故发生率，提高市民的出行效率和体验。市政道路网的交通组织设计需要综合考虑道路的功能定位、交通流特征、周边用地布局以及城市交通发展需求等因素。

（一）单向交通组织与路段容量的优化

单向交通组织是市政道路网交通管理中常用的一种方式，通过将道路的双向行驶改为单方向行驶，有效提高道路的通行能力和运行效率。单向交通组织的主要优点在于减少车辆的交叉冲突点，减少交通信号的设置频率和等待时间，从而提升路段的通行能力。

在实际应用中，单向交通组织常用于城市中心区、商业区以及道路较窄的老城区。通过科学设置单向交通系统，可以有效疏导城市内的车流。某些繁华商业区内的道路宽度有限，采用单向交通组织可以避免双向车辆会车导致的交通拥堵，并使得道路两侧的停车资源得到更好的利用。单向交通组织的实施需注意与周边道路网的协调，避免因单向通行带来的绕行问题，从而确保整体交通的流畅性和便利性。

（二）交通信号控制与交叉口管理的优化

交通信号控制是道路交通组织中的重要组成部分，直接影响交叉口的通行效率和交通安全。科学合理的交通信号控制能够在最大限度上减少车辆和行人的等待时间，优化交通流的通过能力。交叉口的信号控制通常包括固定配时、感应式配时和智能配时三种方式，每种方式的选择应根据具体交通流特点和环境条件进行合理设置。

在交叉口管理中，优化信号控制的关键在于平衡各方向交通流的通行需求。固定配时信号控制适用于交通流量相对稳定的交叉口，而感应式配时可以根据实时交通流量变化自动调整信号灯配时，更加灵活和高效。智能配时系统则依托大数据和人工智能技术，能够实时分析交通流量数据，动态优化信号配时方案。在交通流量较大的城市主干道交叉口，采用智能信号控制系统，通过实时监测和计算各方向的交通流量，动态调整信号配时，提高交叉口的通行效率。

（三）交通分流与禁行措施的合理设置

交通分流与禁行措施是有效缓解城市道路交通拥堵的重要手段，通过合理的分流设计和禁行措施，减少主要干道的交通压力，避免交通流量在某些节点过于集中，提高整个城市道路网络的通行能力。

交通分流的具体措施包括设置分流标志、引导车流向支路和次干路转移等。在早晚高峰期，城市的主干道路段常常会出现交通拥堵，通过合理规划交通分流，将部分车辆引导至次干路或支路，减少主干路的交通负荷。针对某些特殊路段和时间段，还可以采取禁行措施，如限时禁行、单向通行等，以保证交通的顺畅和安全。对于步行街和学校、医院等特殊区域，实施一定的禁行措施，有效减少机动车交通干扰，提升区域的环境质量和安全性。

（四）公共交通优先措施的实施

公共交通优先措施是提升城市整体交通运行效率的重要策略，通过优先保障公交车、地铁等公共交通工具的运行权，减少市民对私家车的依赖，提高道路的使用效率和环境效益。公共交通优先措施主要包括公交专用道、优先信号控制、快速公交系统（BRT）等。

在实际应用中，公交专用道是较为常见的公共交通优先措施之一，通过在道路上划定专用车道，保证公交车在高峰期不受其他车辆的干扰，缩短运行时间。在一些交通流量大的城市主干道上，设置公交专用道可以有效提高公交车的运行速度和准点率，吸引更多市民选择公共交通出行。优先信号控制则是通过在交叉口设置公交优先信号灯，确保公交车能够更快通过交叉口。快速公交系统（BRT）作为一种高效的公共交通方式，其专用车道设计和站点设置可以大幅提升公共交通的吸引力。

（五）非机动车与行人交通组织的优化

在市政道路网规划中，非机动车与行人交通的组织同样不可忽视。科学合理的非机动车与行人交通组织能够有效避免与机动车的混行冲突，保障交通安全，同时提高慢行交通的便捷性和吸引力。非机动车交通组织主要包括自行车道的设置、步行道的优化以及过街设施的合理布局等。

在实际设计中，自行车道的设置充分考虑与机动车道的隔离，以减少交通冲突。在城市的主干道和次干道两侧，设置独立的自行车道，并通过绿化带或隔离栏进行分隔，确保自行车骑行的安全和舒适性；对于行人交通组织，通过设置人行天桥、地下通道、行人信号灯等设施，提高行人的过街安全性和通行效率。特别是在商业区、学校区和医院等区域，优先保障行人和非机动车的通行需求，营造良好的慢行交通环境。

市政道路网的交通组织是城市交通管理的重要环节，涉及单向交通组织、交通信号控制、交通分流与禁行措施、公共交通优先措施以及非机动车与行人交通组织的多方面内容，科学合理的交通组织设计不仅能够提升道路的通行效率和交通安全，还能够优化城市整体的交通环境，促进城市的可持续发展。通过综合运用多种交通组织措施，有效缓解城市交通拥堵，提高市民的出行便利性和生活质量。

四、市政道路网的优化与调整

市政道路网的优化与调整是城市交通规划中不可忽视的重要环节，随着城市的不断发展和交通需求的变化，原有的道路网络规划往往不能完全适应新的交通状况，需要进行持续的优化与调整。市政道路网的优化与调整应以提高交通效率、保障交通安全、提升城市环境质量为目标，综合考虑交通流量变化、用地功能布局、公共交通需求等多方面因素。

（一）基于交通流量分析的路网优化

交通流量的动态变化是市政道路网优化与调整的重要依据，通过科学的交通流量分析，识别城市道路网络中的交通瓶颈和拥堵节点，从而针对性地制定优化措施。交通流量分析通常包括道路的通行能力评估、交通流量预测和交通流量分布特征分析等内容。

在具体的优化实践中，通过交通调查获取路网中各主要路段的流量数据，结合交通模型分析工具，对城市现状和未来的交通流量进行预测。根据分析结果，优化路段的断面设计和车道配置，通过增加车道数、调整车道宽度、设立潮汐车道等方式，提升道路的通行能力。针对某些特定的交通瓶颈路段，还可以考虑建设立交桥或地下通道，以缓解平交口的交通压力，提高交通流的连续性和畅通性。

（二）公共交通系统的优化调整

公共交通系统的有效运行对缓解城市交通拥堵和减少私家车依赖具有重要作用，优化市政道路网时，充分考虑公共交通系统的调整与优化，确保公共交通在城市交通体系中的优先地位。公共交通的优化措施包括公交线路调整、公交专用道设置、公交站点优化和公共交通枢纽的改造等。

公交线路的调整需结合城市功能区的变化和交通流量的实际情况，增加公交线路的覆盖范围和服务频率，减少居民对私家车的依赖。在交通繁忙的主干道上，设置公交专用道，以确保公交车的快速通行。公交站点的优化应考虑与地铁站、步行系统的无缝衔接，减少乘客的换乘时间。对于大型交通枢纽，可进行必要的改造和扩建，增加换乘通道和候车区，提升公共交通系统的服务水平。

（三）道路节点与交叉口的优化调整

道路节点与交叉口是市政道路网中最容易发生交通拥堵和事故的部位，其优化与调整对提高道路网络的整体通行效率和安全性具有重要意义。交叉口的优化主要包括信号控制优化、通行能力提升和交通安全设施的完善等方面。

在实际操作中，通过优化信号灯配时，减少车辆和行人的等待时间，提高通行效率。采用智能信号控制系统，根据实时交通流量动态调整信号灯的配时和周期；通过设置专用左转或右转车道、调整进口道的车道数和宽度等措施，提高交叉口的通行能力。对于复杂的平交口，考虑通过建设立交桥、地下通道或环形交叉口等方式，实现不同方向交通流的无冲突通行，减少交通延误和事故发生。

（四）慢行交通系统的优化整合

慢行交通系统的优化整合是市政道路网优化中的重要内容，科学合理的慢行交通系统能够提高城市的出行环境质量，促进绿色出行方式。慢行交通系统的优化主要包括步行道和自行车道的合理布局、过街设施的设置和慢行交通环境的优化等。

在优化慢行交通系统时，需要对现有的步行和自行车交通系统进行评估，识别存在的问题和不足。步行道的优化应确保与主干道、次干道的合理衔接，并设置无障碍通道、行人天桥或地下通道等设施，提升行人过街的安全性和便捷性。自行车道的优化则应考虑其独立性和连续性，通过设立隔离带或护栏，与机动车道进行有效隔离，减少交通冲突。还可以通过优化城市绿化、增加街道家具、设置安全照明等措施，提升慢行交通系统的使用体验和安全性。

（五）道路网结构的整体优化调整

道路网结构的整体优化调整是针对城市整体交通网络进行的系统性改造与升级，随着城市的发展，原有的道路网结构出现不适应新的交通需求的情况，需要通过调整道路等级、改善路网密度、优化道路网形态等方式进行整体优化。

在具体实施中，对某些道路进行等级调整，将部分次干道提升为主干道，以承接更多的交通流量；或将部分支路降级为小区道路，减少交通流对居民生活的影响。路网密度的调整应结合城市土地利用规划，合理增加或减少路网密度，以实现交通流的均衡分布。对于道路网形态的优化，采用网格式、环放射状等多种形式相结合的布局方式，提升城市道路网络的灵活性和通达性。

市政道路网的优化与调整是一个动态的、持续性的过程，需要根据城市发展和交通需求的变化进行科学合理的调整。通过基于交通流量分析的路网优化、公共交通系统的优化调整、道路节点与交叉口的优化、慢行交通系统的优化整合以及道路网结构的整体优化调整等措施，能够有效提升城市道路网络的通行效率和安全性，改善城市交通环境，促进城市的可持续发展。合理的优化与调整策略可以确保市政道路网在城市快速发展的背景下，始终保持高效、协调和可持续的运行状态。

第三章 市政主、次干路及支路设计

第一节 横断面设计

一、横断面设计的基本概念

横断面设计是市政道路设计中的重要环节，直接影响道路的通行能力、安全性和服务水平。横断面设计指的是道路沿垂直于行车方向的剖面设计，包括机动车道、非机动车道、人行道、中央隔离带、绿化带等组成部分的宽度、坡度和布局。科学合理的横断面设计能够提高道路的通行能力和交通安全性，优化道路空间的利用，提升城市交通系统的整体效能。

（一）横断面的构成要素

横断面设计的构成要素主要包括机动车道、非机动车道、人行道、中央隔离带和绿化带等各部分。每一部分在道路交通中承担着不同的功能，其设计直接影响到道路的整体使用效果[①]。

1. 机动车道：机动车道是横断面设计的核心组成部分，主要用于机动车的通行。其宽度和数量直接影响道路的通行能力。在设计时，根据交通流量预测、道路等级、行车速度等因素确定车道的宽度和数量。一般来说，主干路和次干路的机动车道宽度较大，以保证车辆的快速通行；而支路的机动车道宽度则相对较小，侧重于安全性和便捷性。

---

① 陈惠水. 市政路桥设计中的安全性和耐久性分析［J］. 四川建材，2022，48（11）：225－227.

2. 非机动车道：非机动车道主要供自行车、电动车等非机动车通行。其设置目的是为了保障非机动车与机动车分离，减少交通冲突，提高道路的安全性。非机动车道的宽度设计考虑当地非机动车的流量和道路的整体空间分配。对于交通流量较大的道路，通常会设置独立的非机动车道，并通过绿化带或隔离设施与机动车道分隔开来。

3. 人行道：人行道是为行人提供的专用通行空间，是横断面设计中不可或缺的组成部分。人行道的设计考虑人流量的大小、安全性和舒适性。宽度通常应满足高峰时段的行人通行需求，并设置盲道、无障碍设施等，以便为所有交通参与者提供安全、便利的通行条件。

4. 中央隔离带：中央隔离带的作用是分隔对向交通流，防止车辆逆向行驶，减少交通冲突。中央隔离带的设计需要考虑交通安全和美观效果，通常设置绿化带或防护栏来增加景观效果和防护功能。对于高速路和主干路，中央隔离带的宽度应适当增加，以增强其防护效果。

5. 绿化带：绿化带不仅可以美化道路环境，还可以起到分隔交通流、吸收车辆噪声和减少污染的作用。绿化带的宽度和植物配置应与道路等级和城市景观规划相协调，同时应考虑植物的耐污染性和抗压性，确保绿化带的长久效能。

（二）横断面设计的原则

横断面设计的合理性直接影响道路的功能和使用效果，科学合理的横断面设计应遵循以下原则：

1. 安全性原则：横断面设计应确保各类交通参与者的安全，机动车道与非机动车道、人行道通过隔离带或其他形式进行分隔，减少交通冲突点，避免因交通流混合造成的事故。特别是在学校、医院和商业区等人流量大的路段，应优先保障行人和非机动车的通行安全。

2. 通行能力原则：横断面的设计应根据道路的等级和交通流量需求，合理确定各功能区的宽度和布局，保证道路的通行能力。对于主干路，适当增加机动车道的数量和宽度，以满足较大的交通流量需求；对于次干路和支路，则平衡机动车和非机动车的通行需求，确保交通顺畅。

3. 可达性原则：横断面设计应考虑道路与周边用地的可达性，特别是在商业区、居住区和公共设施集中的区域，合理设置人行道、非机动车道和公交车站点等设施，以提高出行的便利性和可达性。

4. 生态环保原则：横断面设计应考虑城市生态环境的要求，合理配置绿化带和植被种类，提高道路的生态效益。绿化带的设置不仅能美化城市环境，还能吸收车辆尾气和减少噪声污染，对城市环境质量的改善具有积极作用。

（三）不同道路等级的横断面设计要点

不同等级的市政道路在功能和服务对象上有所不同，因此在横断面设计上也各有侧重。主干路、次干路和支路作为市政道路系统的主要组成部分，在横断面设计上应体现其各自的功能定位和服务特征。

1. 主干路的横断面设计：主干路作为城市交通骨干网络的一部分，主要承担城市中长距离交通任务，其横断面设计应以提高通行能力为主。主干路通常设置较宽的机动车道，以满足较大交通流量的需求，同时设有中央隔离带来分隔对向交通流。在有条件的情况下，设置公交专用道、非机动车道和绿化带，提升综合服务水平和安全性。

2. 次干路的横断面设计：次干路的功能主要是连接主干路和支路，承担一定的集散交通任务。次干路的横断面设计应在保证通行能力的同时，兼顾非机动车和行人的通行需求。一般情况下，次干路的机动车道宽度和车道数量相对主干路有所减少，但设置完善的非机动车道和人行道，并确保与周边道路和用地的有效衔接。

3. 支路的横断面设计：支路主要服务于城市的局部交通需求，连接居民区、商业区等功能区。支路的横断面设计突出安全性和可达性，以满足局部地区的交通需求和安全要求。支路的机动车道宽度相对较小，通常设置单车道或双车道，并注重人行道、非机动车道的设置和绿化环境的优化，营造良好的社区出行环境。

（四）横断面设计中的关键技术参数

横断面设计中的关键技术参数包括机动车道宽度、非机动车道宽度、人行道宽度、中央隔离带宽度和绿化带宽度等①。这些参数的确定需要依据道路等级、交通流量、服务对象等因素进行科学计算和优化设计。

1. 机动车道宽度：主干路机动车道宽度一般在 3.5 米至 3.75 米之间，次干路在 3.0 米至 3.5 米之间，支路则在 2.75 米至 3.0 米之间。宽度的确定需根据道路的通行能力要求和安全标准进行调整。

2. 非机动车道宽度：非机动车道宽度一般在 2.0 米至 3.5 米之间，具体宽度应根据非机动车流量和道路的总体空间布局确定。在有条件的情况下，设置独立的非机动车道，并通过隔离设施与机动车道分开。

3. 人行道宽度：人行道宽度一般在 2.0 米至 4.0 米之间，根据人流量和周边用地类型调整。在繁华商业区和学校、医院等人流密集区域，人行道宽度应适当增加，以确保行人的通行安全和舒适性。

4. 中央隔离带和绿化带宽度：中央隔离带宽度一般在 1.0 米至 5.0 米之间，绿化带宽度则根据城市景观规划要求和空间条件确定，通常在 1.0 米至 4.0 米之间。宽度的确定需兼顾交通安全、景观效果和环境效益。

横断面设计是市政道路设计中的关键环节，其合理性直接影响到道路的通行能力、安全性和服务水平。科学的横断面设计需充分考虑道路的功能定位、交通流量特征、周边用地布局等多种因素，合理设置机动车道、非机动车道、人行道、中央隔离带和绿化带等各组成部分的宽度和布局。通过优化设计，提高道路网络的整体效能，保障市民的出行安全和便利，为城市的可持续发展提供坚实的基础。

二、横断面设计的要素与参数

横断面设计是市政道路设计中的核心环节，其合理性直接影响道路的通行能力、安全性和环境质量。在实际设计过程中，横断面设计涉及多个要素与参数，包括机动车道、非机动车道、人行道、中央隔离带、绿化带等部分的宽度、坡度、构造等。各要素的具体参数设置应结合道路的功能定位、交

---

① 郑捷敏. 市政路桥建设中的沉降段路基路面施工工艺［J］. 中国新技术新产品，2022，(18)：105－107.

通流量、服务对象以及城市的总体规划要求进行科学设计。

（一）机动车道的设计要素与参数

机动车道是市政道路横断面设计中最为重要的组成部分，其设计直接关系到道路的通行能力和交通安全性。机动车道设计需考虑车道宽度、路面材质、横坡等多个要素。

1. 车道宽度：机动车道的宽度直接影响道路的通行能力和交通安全性，主干路的车道宽度为 3.5 米至 3.75 米，次干路为 3.0 米至 3.5 米，支路为 2.75 米至 3.0 米。宽度的确定需依据交通流量、设计车速以及道路的服务等级。宽度的合理设置不仅能提高车辆的行驶舒适性和安全性，还能有效减少因车道过宽或过窄带来的交通事故风险。

2. 路面材质：路面的材质影响机动车的行驶平稳性、耐久性和抗滑性，常用的路面材质包括沥青混凝土和水泥混凝土。沥青混凝土路面具有平整度好、行车舒适、噪声低的特点，适用于交通流量大的主干道和快速路。水泥混凝土路面耐久性强，适用于次干道和支路等交通负荷相对较小的道路。

3. 横坡设计：机动车道的横坡是指道路横断面上车行道表面与水平面之间的倾斜度，通常为 1.5% 至 2.0%。合理的横坡设计有助于道路排水，防止雨水积滞，同时提高行车安全性。横坡的大小需根据道路设计标准、气候条件和排水要求进行调整。

（二）非机动车道的设计要素与参数

非机动车道的设置是为了保障非机动车与机动车的分隔，减少交通冲突，提高交通安全性和通行效率。非机动车道设计需考虑宽度、隔离措施、路面材质等要素。

1. 车道宽度：非机动车道的宽度设计需考虑非机动车的流量、类型和道路的总体空间分配。非机动车道的宽度为 2.0 米至 3.5 米，对于交通流量较大的主干道和次干道，通常设置独立的非机动车道，并通过绿化带或隔离栏与机动车道进行分隔，以减少交通冲突和提高安全性。

2. 隔离措施：隔离措施是非机动车道设计的关键要素之一，合理的隔离设施可以有效避免机动车与非机动车的混行，提升道路的安全性。常见的隔离措施包括绿化隔离带、护栏、警示桩等，具体选择需结合道路的功能定位和实际条件进行设置。

3. 路面材质：非机动车道的路面材质直接影响非机动车的通行舒适性和安全性，一般采用彩色沥青或透水砖等材质，以增加路面的摩擦力和视觉辨识度，减少雨天路滑问题。材料的选择应兼顾耐久性、环保性和维护成本。

（三）人行道的设计要素与参数

人行道是市政道路中为行人提供安全通行空间的重要组成部分，其设计需考虑人行道宽度、铺装材料、无障碍设施等要素，确保行人的通行安全和舒适性。

1. 人行道宽度：人行道的宽度应根据人流量、道路等级和周边用地类型确定。一般情况下，人行道的宽度为 2.0 米至 4.0 米。在人流量较大的商业区、学校、医院等区域，人行道宽度应适当增加，以确保行人通行的安全和舒适性。人行道设置无障碍通道，以满足残疾人、老人、儿童等弱势群体的出行需求。

2. 铺装材料：人行道的铺装材料直接影响行人的通行体验和道路的景观效果，常用的铺装材料包括花岗岩砖、人行道专用砖、透水混凝土等。这些材料具有防滑、耐用、美观的特点；材料的选择应兼顾安全性、美观性和经济性，同时考虑与周边环境的协调。

3. 无障碍设施：人行道应设置盲道、坡道等无障碍设施，以保障特殊人群的出行安全和便利。无障碍设施的设置应符合相关标准和规范，确保设施的连续性和易用性。

（四）中央隔离带的设计要素与参数

中央隔离带的设置是为了分隔对向车流，防止车辆越线行驶和减少交通冲突，提高道路的安全性和运行效率。其设计需考虑宽度、形式、绿化配置等要素。

1. 隔离带宽度：中央隔离带的宽度一般为 1.0 米至 5.0 米，具体宽度需根据道路等级、交通流量和安全要求确定。在交通量大且设计车速高的道路上，中央隔离带的宽度应适当增加，以增强隔离效果。

2. 隔离形式：隔离带的形式可以是硬隔离或软隔离，硬隔离一般采用防护栏、隔离墙等，适用于安全要求较高的路段；软隔离多采用绿化隔离带，适用于车速较低、景观要求较高的道路。

3. 绿化配置：中央隔离带的绿化配置需考虑植物的耐污染性、抗压性和美观性。绿化带中常选用低矮灌木、草坪等植物，以提高城市环境的绿化效果和生态效益。

（五）绿化带的设计要素与参数

绿化带是市政道路横断面设计中不可或缺的组成部分，其作用不仅在于美化道路环境，还能吸收噪声、净化空气。绿化带设计需考虑宽度、植物选择、景观效果等要素。

1. 绿化带宽度：绿化带的宽度一般为 1.0 米至 4.0 米，具体宽度应根据道路等级和城市景观规划要求确定。在道路较宽、绿化条件较好的路段，绿化带的宽度可适当增加，以提高道路的生态效益和景观效果。

2. 植物选择：绿化带中的植物应选择耐污染、抗压性强的品种，如常绿灌木、花卉和草坪等。植物配置应做到层次分明、色彩丰富，同时注意植物的养护和管理。

3. 景观效果：绿化带的设计应注重整体景观效果的提升，通过合理的植物配置、色彩搭配和空间布局，营造优美的城市道路环境，提升市民的出行体验。

横断面设计的要素与参数是市政道路设计中的关键内容，直接影响道路的通行能力、安全性和环境质量。科学合理的横断面设计需综合考虑机动车道、非机动车道、人行道、中央隔离带和绿化带等多种要素，合理设置各项参数，确保道路的综合服务水平和城市交通系统的高效运行。通过优化横断面设计，可以提升城市道路的整体功能和景观效果，为城市的可持续发展提供有力支持。

三、横断面设计的方法与步骤

横断面设计是市政道路设计的重要组成部分，其合理性直接影响道路的通行能力、使用效率和安全性。科学的横断面设计不仅要满足当前的交通需求，还要兼顾未来的交通增长和城市发展的可持续性。横断面设计需要遵循系统性、规范性和科学性的原则，综合考虑多种因素，进行合理的规划与设计。

（一）横断面设计的方法

横断面设计的方法主要包括定性分析法和定量计算法，定性分析法侧重于对道路功能、交通需求和周边环境的分析，提出初步设计方案；定量计算法则通过具体的参数计算和分析，优化设计方案，确保设计的科学性和可行性[①]。

1. 定性分析法：定性分析法是在横断面设计的初期阶段，通过分析道路的功能定位、交通流量特征和周边土地利用情况，提出合理的横断面布局方案。定性分析需要对道路的等级、交通类型、周边用地功能等进行综合考虑。对于主干道，其设计应突出通行能力和安全性；对于次干道和支路，则应在保证通行能力的同时，更加注重可达性和环境协调性。

2. 定量计算法：定量计算法是在初步方案的基础上，利用交通工程学和道路设计规范对横断面各要素的具体参数进行计算和优化。定量计算法包括对机动车道宽度、非机动车道宽度、人行道宽度、中央隔离带宽度、绿化带宽度等具体参数的计算。通过科学的计算和分析，确保设计方案在安全性、通行能力和环境效益等方面的合理性和可行性。

3. 综合优化法：在定性分析和定量计算的基础上，综合优化法结合多种设计方法，对横断面方案进行优化调整。综合优化法考虑交通安全、环境景观、用地条件等多重因素，优化各设计要素的配置，形成最终的横断面设计方案。

---

① 林友伟. 城市市政路桥线形设计应用［J］. 散装水泥，2022，（01）：153－155.

（二）横断面设计的步骤

横断面设计的步骤一般包括需求分析、方案制定、参数计算、方案优化和最终确定等环节，每一步骤都需要基于科学的分析和严格的计算，确保横断面设计的合理性和可操作性。

1. 需求分析：横断面设计的第一步是进行需求分析，需求分析的内容主要包括道路的功能定位、交通流量预测、周边土地利用现状和发展规划等。通过需求分析，设计人员明确道路的等级、服务对象和交通特征，为后续设计提供基础依据。对于一条主干路，需求分析重点考虑其作为城市交通骨干的功能要求和高流量的通行需求；而对于支路，则更多关注其可达性、安全性和与周边环境的协调性。

2. 方案制定：在需求分析的基础上，制定横断面的初步设计方案，方案制定的核心是合理配置机动车道、非机动车道、人行道、中央隔离带、绿化带等各要素的空间布局和宽度。初步方案的制定根据道路等级和具体交通需求，结合相关规范和标准，提出多种备选方案。对于不同的方案，还需考虑其经济性、环境效益和可实施性等因素。

3. 参数计算：在初步方案的基础上，进行横断面各要素的具体参数计算。参数计算需严格遵循道路设计规范和标准，确保各要素的设计满足安全性、通行能力和舒适性的要求。机动车道的宽度计算需根据交通流量和设计车速进行优化，确保车道的通行能力和行车安全性；人行道和非机动车道的宽度计算则需结合行人和非机动车的流量，确保通行安全和舒适。

4. 方案优化：在参数计算完成后，进行方案的综合优化调整。方案优化综合考虑多种因素，包括交通安全、环境景观、用地限制和未来发展需求等。优化的过程通常需要在多种方案之间进行比较和权衡，选择最佳的横断面配置。在某些人流量较大的商业区，可适当增加人行道和非机动车道的宽度，缩减机动车道的宽度，以提升出行的安全性和便捷性。

5. 最终确定：经过优化调整后，确定最终的横断面设计方案。最终方案在满足交通需求的前提下，兼顾经济性和环境效益，确保设计的科学性和可操作性。在确定方案时，还需征求相关部门和公众的意见，确保设计方案的可行性和社会认可度。最终方案的确定还需包括详细的设计图纸和说明，以指导后续的工程实施。

6. 审查与修订：在确定设计方案后，需经过相关部门的审查和批准。审查过程中会发现设计中的不合理之处，需要进行修订和完善。设计人员根据审查意见，进一步优化横断面设计方案，确保方案的合理性、可行性和经济性。

（三）横断面设计中常见的问题及应对策略

在横断面设计的实际过程中，常常会遇到一些问题和挑战，如用地限制、交通流量变化、环境协调性不足等。设计人员需结合实际情况，制定相应的应对策略，确保横断面设计的科学性和合理性[①]。

1. 用地限制问题：在一些用地受限的城市中心区和老城区，无法满足标准的横断面宽度要求。对此可采用精细化设计策略，如通过减少中央隔离带宽度、调整非机动车道与人行道的配置等方式，优化空间利用，满足交通需求。

2. 交通流量变化问题：随着城市的发展，交通流量会发生动态变化，原有的横断面设计不再适应新的交通状况。需采用动态调整策略，结合交通流量预测和监测数据，及时优化横断面设计，提高道路的适应性和通行能力。

3. 环境协调性问题：在横断面设计中，需注重与周边环境的协调，避免因设计不当导致环境破坏或不良影响。可采用综合优化策略，通过合理配置绿化带和步行道等设施，提升道路环境的质量和景观效果。

表 3—1　　　　　　　　　横断面设计的要素与参数

要素	设计参数范围	适用道路等级	相关说明
机动车道宽度	主干路：3.5 米 3.75 米 次干路：3.0 米 3.5 米 支路：2.75 米 3.0 米	主干路、次干路、支路	机动车道的宽度需根据交通流量和设计车速进行优化，主干路和次干路的车道宽度较大以确保车辆通行能力和安全性；支路的车道宽度较小，侧重于社区道路的安全性和便捷性。

---

① 林友伟. 城市市政路桥线形设计应用［J］. 散装水泥，2022，（01）：153—155.

要素	设计参数范围	适用道路等级	相关说明
非机动车道宽度	2.0米 3.5米	主干路、次干路	非机动车道的宽度设计需考虑非机动车的流量和道路的总体空间分配。独立的非机动车道通过绿化带或隔离栏与机动车道分隔,提升安全性。
人行道宽度	2.0米 4.0米	主干路、次干路、支路	人行道宽度根据人流量、道路等级和周边用地类型确定,商业区、学校、医院等区域的人行道宽度应适当增加,确保行人通行的安全性和舒适性。
中央隔离带宽度	1.0米 5.0米	主干路、次干路	中央隔离带宽度根据道路等级、交通流量和安全要求确定,宽度较大的隔离带可用于设置绿化带或防护栏,增加景观效果和安全性。
绿化带宽度	1.0米 4.0米	主干路、次干路、支路	绿化带的宽度根据城市景观规划要求和道路空间条件确定,通常在道路较宽的路段设置更宽的绿化带,增强生态效益和景观效果。
路面材质	沥青混凝土、水泥混凝土	主干路、次干路、支路	沥青混凝土路面适用于主干路和快速路,行车舒适度高、噪声低;水泥混凝土路面适用于次干路和支路,耐久性好。

要素	设计参数范围	适用道路等级	相关说明
非机动车道材质	彩色沥青、透水砖	主干路、次干路	非机动车道的材质选择需兼顾防滑性和视觉辨识度，通常采用彩色沥青或透水砖以增加摩擦力和提高道路的可识别性。
人行道材质	花岗岩砖、人行道砖、透水混凝土	主干路、次干路、支路	人行道材质影响行人通行的舒适性和景观效果，需具备防滑、耐久、美观等特性。材料选择应与周边环境协调。
横坡设计	1.5%　2.0%	主干路、次干路、支路	横坡设计有助于道路排水，防止积水并提高行车安全性，具体坡度根据道路设计标准、气候条件和排水要求调整。
隔离设施类型	绿化隔离带、护栏、警示桩	主干路、次干路	隔离设施用于机动车道与非机动车道的分隔，保障不同交通参与者的安全。具体设施选择需结合道路功能和实际条件进行。
无障碍设施	盲道、坡道等	主干路、次干路、支路	无障碍设施应符合相关标准和规范，确保设施的连续性和易用性，满足残疾人、老人和儿童等群体的出行需求。

横断面设计的方法与步骤是市政道路设计的核心环节，科学的设计方法和系统化的设计步骤可以确保横断面设计的合理性和可行性。通过需求分析、方案制定、参数计算、方案优化和最终确定等步骤，设计人员形成一个既能满足交通需求，又能兼顾环境效益和经济性的横断面设计方案。合理的横断面设计方法与步骤对于提升市政道路的通行能力和服务水平具有重要意义，为城市的可持续发展提供有力支持。

第二节　平面设计

一、平面设计的基本内容

市政道路的平面设计是道路设计的核心内容之一，它直接影响到道路的通行能力、安全性和服务水平。平面设计主要包括道路的路线走向、交叉口的设计、道路宽度的控制、曲线的半径和道路节点的布局等。科学合理的平面设计应综合考虑交通流量、周边用地、地形条件以及城市的总体规划要求等多种因素，确保道路的通行效率和安全性。

（一）道路路线的选择与布局

道路路线的选择是平面设计的基础，其合理性直接影响到道路的功能发挥和交通安全。路线的选择需结合城市总体规划、用地布局、交通需求以及地形条件等多方面因素进行综合考虑[①]。

1. 路线的走向与选择原则：道路路线的走向以最短距离连接重要节点和功能区为目标，同时兼顾地形地貌和现有用地的条件。路线的选择原则包括顺应地形、减少拆迁、降低建设成本等。特别是在老城区或历史保护区，尽量避开文物保护单位和历史街区，保护城市的历史文化遗产。

2. 路线的平面布置：路线的平面布置应根据道路的功能定位和等级进行规划，主干路尽量平直，以确保车辆的高速通行；次干路适当结合地形和周边环境进行布置，增强道路的灵活性和景观效果；支路根据用地和建筑布局，尽量做到与周边环境相协调，形成安全、便捷的微循环交通网络。

3. 线形指标的设置：道路的平面线形设计需符合国家相关设计规范的要求，包括平面直线段的长度、平面曲线的最小半径、缓和曲线长度等。对于不同等级的道路，其设计速度不同，相应的线形指标也会有所不同。主干

① 汤龙生. BIM 技术在市政路桥设计中的应用 [J]. 江西建材，2021，（09）：144－145.

路的最小平面曲线半径通常较大，以保证车辆的安全行驶速度；而次干路和支路的平面曲线半径则可适当减小，以适应更为复杂的地形条件和更低的设计车速。

（二）交叉口设计与交通组织

交叉口是市政道路网中的重要节点，其设计质量直接关系到整个道路网络的通行效率和交通安全。交叉口设计需结合道路的等级、交通流量、车速和交通组织形式，合理设置几何线形和交通控制设施。

1. 交叉口类型与适用条件：交叉口的类型主要包括平面交叉口和立体交叉口，平面交叉口通常适用于交通量较小的次干路和支路，设计简单，成本较低，但容易产生交通冲突；立体交叉口则适用于交通量大的主干路和快速路，能够实现交通流的无冲突转换，提高通行能力和安全性，但建设成本较高。交叉口类型的选择应结合实际交通流量和用地条件，做到经济与效能的平衡。

2. 交叉口几何设计要素：交叉口的几何设计包括车道宽度、车道数目、转弯半径、视距要求等，车道宽度和数目的设置应根据交叉口的交通流量和服务水平要求确定，转弯半径的设计应考虑设计车速和交通安全要求，确保转弯车辆的平稳通过。视距的设计则需确保司机在交叉口能够清晰观察到周边的交通情况，避免交通事故的发生。

3. 交通信号与标志标线设计：交叉口的交通信号灯和标志标线设计是交通组织的重要组成部分，科学合理的信号灯配时能够有效分配各方向的交通流，减少等待时间，提高通行效率。标志标线的设置清晰明确，指引车辆和行人按规定路线行驶，避免交通混乱和冲突。对交通流量大的交叉口，结合智能交通系统进行信号控制优化，提高交叉口的整体运行效率。

（三）道路宽度控制与分隔带设计

道路宽度的控制是平面设计中的一个关键要素，其直接影响到道路的通行能力和安全性。道路宽度的设计根据道路的功能、等级和交通需求进行合理规划，并结合实际地形条件和用地状况进行调整。

1. 机动车道宽度控制：机动车道宽度的设计应根据道路等级、交通流量、设计速度等因素确定。主干路的机动车道宽度通常较大，以满足大流量交通的通行需求；次干路的机动车道宽度相对较小，支路的机动车道宽度则根据居民区、商业区等地段的特殊需求进行合理调整。合理的机动车道宽度设计应在保障通行能力的基础上，兼顾道路的安全性和经济性。

2. 非机动车道与人行道宽度控制：非机动车道和人行道是城市道路的重要组成部分，其宽度控制应确保行人和非机动车的通行安全和便利。非机动车道的宽度应根据交通流量和安全要求进行设计，并通过绿化隔离带或护栏与机动车道进行有效隔离。人行道宽度需根据人流量和道路环境确定，并设置无障碍设施和盲道，提升城市交通的包容性。

3. 分隔带设计：分隔带用于分隔对向交通流，避免交通冲突和事故；分隔带的设计需考虑绿化带、隔离护栏和中央隔离带的配置，确保道路的安全性和美观性。对于主干路，设置宽度适中的中央隔离带，增加道路的绿化效果和生态效益；而对于次干路和支路，则根据实际情况设置绿化隔离带或防护栏，提升道路的安全性和视觉效果。

（四）道路节点与转弯设计

道路节点是指道路的起讫点、交叉点、转弯点等特殊位置，其设计直接影响道路的通行效率和安全性。科学合理的道路节点设计应结合道路的功能定位和交通流量特点进行优化调整。

1. 节点设计原则：道路节点的设计应以保障交通安全、提升通行效率为核心。节点的位置和形式符合道路的功能定位和等级要求，同时考虑周边用地和环境的影响，做到经济与效益的协调统一。

2. 转弯半径的设计：转弯半径的设计需根据道路的设计速度、交通流量和车辆类型进行合理配置。较小的转弯半径适用于支路和低速次干路，而较大的转弯半径适用于主干路和高速公路，确保转弯车辆的安全性和舒适性。转弯半径的合理设计能够减少车辆的侧向滑移，降低交通事故的发生概率。

平面设计是市政道路设计的关键环节，其内容涵盖道路路线选择、交叉口设计、道路宽度控制、分隔带设置、道路节点与转弯设计等多个方面。科学合理的平面设计需综合考虑道路功能、交通需求、地形条件和用地布局等多重因素，确保道路的通行能力、安全性和环境友好性。通过精细化的平面设计，市政道路能够更好地服务城市交通系统，提升市民的出行体验和城市的整体品质。

二、平面设计的线形选择与优化

市政道路的平面设计中，线形选择与优化是关键步骤之一。合理的线形设计不仅直接影响道路的通行效率和安全性，还关系到道路的建设成本、维护成本以及对周边环境的影响。线形设计涉及直线段、平曲线、缓和曲线等多种要素的配置，需要根据道路的等级、交通流量、地形条件和用地布局进行科学选择与优化。（一）直线段的选择与优化

直线段是市政道路平面设计中最基本的组成部分，其设计直接影响车辆的行驶速度、舒适性和安全性。合理的直线段设计应考虑道路等级、设计速度、视距条件和周边用地等因素。

1. 直线段长度的确定：直线段的长度根据道路等级和设计车速进行确定。对于主干道和快速路，直线段的长度应较长，以保障车辆的高速行驶和行驶舒适性；而对于次干路和支路，直线段的长度可适当缩短，以适应复杂的地形条件和较低的设计车速。主干道的直线段长度不应小于 300 米，次干路不应小于 100 米，支路则应根据实际情况进行灵活调整。

2. 视距条件的优化：直线段的设计确保驾驶员在正常行驶中具有足够的视距，以便及时发现前方障碍物或其他车辆，采取相应的减速或避让措施。视距条件的优化需结合道路的设计车速、横断面布置和周边环境因素进行，特别是在坡顶、弯道等处，应设置足够的安全视距，以确保交通安全。

3. 与周边用地的协调：直线段的选择应避免与重要建筑、交通枢纽等设施产生冲突，减少对周边用地的干扰。特别是在城市中心区和居民区，直线段的设计应与周边环境相协调，避免对现有建筑物和设施造成拆迁或改动。

（二）平曲线的选择与优化

平曲线是市政道路平面设计中用于连接直线段的过渡部分，其设计质量直接影响车辆的转向稳定性和行车安全性。平曲线的选择与优化应结合道路的功能定位、设计车速和交通特征，合理设置曲线半径和超高。

1. 曲线半径的选择：平曲线的半径是影响车辆转弯时离心力大小的关键因素，直接关系到行车的稳定性和舒适性。主干道的平曲线半径应较大，通常不应小于 300 米，以确保车辆能够平稳通过；次干路的平曲线半径一般在 100 米至 300 米之间，而支路的平曲线半径可更小，但不应小于 30 米。曲线半径的选择需考虑交通流量、设计车速和地形条件，确保道路的通行能力和安全性。

2. 超高的设置与过渡：在平曲线上，设置一定的路面超高，以抵消车辆转弯时的离心力，增强行车的稳定性和安全性。超高的设置根据设计车速、曲线半径和路面条件进行科学计算，确保车辆在转弯时不产生侧滑或倾覆。超高的过渡应采用缓和曲线进行平滑过渡，避免突然变化带来的行车不适和危险。

3. 缓和曲线的应用：缓和曲线是连接直线段与平曲线的重要过渡部分，其作用是使车辆在进入或退出平曲线时，离心力逐渐变化，保持行车的平稳性。缓和曲线的长度应根据曲线半径和设计车速进行合理设置，通常不应小于 30 米。缓和曲线的合理应用可以有效提升道路的安全性和行车舒适性。

（三）纵坡与竖曲线的设计优化

纵坡和竖曲线的设计是市政道路平面设计中的重要环节，合理的纵坡与竖曲线设计能够提高道路的行车舒适性和安全性，减少能耗和车辆磨损。

1. 纵坡的选择与控制：纵坡是指道路沿行驶方向的坡度，其大小直接影响车辆的动力消耗和行车安全性。主干道的最大纵坡一般不应超过 3%，次干路不应超过 4%，支路则可根据地形条件适当增加。纵坡的设计应考虑设计车速、交通流量、地形条件和排水要求，确保道路的运行效率和安全性。

2. 竖曲线的设置：竖曲线是用于连接不同坡度的纵坡段，其设计应保证车辆在坡度变化处的平稳过渡，避免因坡度变化过大而导致的行车不适或安全隐患。竖曲线的最小半径应根据设计车速、坡度变化和安全视距要求进行合理设置，通常主干道的最小竖曲线半径不应小于 2000 米，次干路和支路可适当减少，但不应低于 500 米。

3. 视距的优化设计：在纵坡和竖曲线的设计中，需确保驾驶员能够获得足够的视距，特别是在坡顶、坡底等位置，设置充足的安全视距，以防止交通事故的发生。视距优化的设计需结合道路的等级、设计车速和地形条件进行。

（四）线形设计的协调与整合

线形设计的最终目标是形成一个协调统一、符合交通需求的道路网络。在实际设计中，需综合考虑直线段、平曲线、缓和曲线、纵坡和竖曲线等各要素的组合与协调，确保道路的通行能力和安全性。

1. 线形组合的原则：线形设计应遵循平顺、协调的原则，避免出现不合理的急弯、突然变化的坡度和视距受限的路段。合理的线形组合应使道路的直线段、平曲线和缓和曲线相互衔接，形成顺畅的交通流线，提升道路的整体安全性和通行效率。

2. 特殊路段的线形优化：在一些特殊路段，如桥梁、隧道、立交桥等，结合具体地形条件和工程特征，进行特殊的线形优化设计。在桥梁与主干道的衔接处，应避免急转弯和坡度变化，确保车辆的平稳通行；在隧道出口，设置缓冲段，避免车辆因光线突变而导致的视觉不适和交通事故。

3. 线形设计与交通管理的结合：合理的线形设计应与交通管理措施相结合，通过设置合理的交通标志、标线、信号灯等设施，引导和规范车辆和行人的行为，减少交通冲突，提高通行效率。对于交通流量较大的路段，可结合智能交通系统进行实时的线形优化和交通管控，提高道路的运行水平。

平面设计中的线形选择与优化是市政道路设计的重要内容，其科学合理的设计直接影响道路的通行能力、安全性和服务水平。通过优化直线段、平曲线、缓和曲线、纵坡与竖曲线的设计，确保道路的线形布局平顺、合理、协调，有效提升城市道路的整体运行效率和交通安全，为城市的可持续发展提供坚实的基础保障。

三、平面设计的交叉口处理

交叉口是市政道路平面设计中的重要节点，合理的交叉口设计能够有效提升道路的通行能力和交通安全性，减少交通冲突和事故的发生率。交叉口处理涉及多方面的内容，包括交叉口的类型选择、几何设计要素、信号控制优化以及交通组织管理等。科学的交叉口设计应结合道路等级、交通流量、交通方式和周边环境等因素，进行综合考虑和合理布局。

（一）交叉口类型的选择与适用性

交叉口的类型选择是交叉口处理的基础工作，类型的选择直接影响交通的组织方式、通行能力和安全性。交叉口的类型主要包括平面交叉口、环形交叉口和立体交叉口。

1. 平面交叉口的适用性与设计要点：平面交叉口是最常见的交叉口类型，适用于交通流量较小的次干路和支路。平面交叉口的设计较为简单，建设成本相对较低，但容易产生交通冲突。平面交叉口的设计确保通行能力和安全性，主要通过合理设置车道、转弯半径和视距来优化设计。为减少交叉口的冲突点，可设置专用左转、右转车道和行人过街设施，提高通行效率和安全性。

2. 环形交叉口的适用性与设计要点：环形交叉口通常适用于交通流量中等、车速较低的城市道路或社区道路。环形交叉口能够减少交叉口的冲突点数量，提升通行能力和安全性。环形交叉口的设计应根据交通流量和用地条件，合理设置入口道和出口道的宽度、环岛直径以及环道的数量。环形交叉口需要设置明显的导向标志和标线，以引导车辆按照规定路线行驶，减少交通混乱。

3. 立体交叉口的适用性与设计要点：立体交叉口适用于交通流量大、交通方式复杂的主干路和快速路。立体交叉口能够实现交通流的无冲突转换，显著提高通行能力和安全性。立体交叉口的设计较为复杂，建设成本较高，需要充分考虑道路的纵横高差、桥梁结构和空间布局等因素。立体交叉口的类型主要包括分离式立交、部分立交和全立交，具体类型的选择需结合交通需求和用地条件进行综合评估。

（二）交叉口的几何设计要素

交叉口的几何设计是交叉口处理中的关键环节，其合理性直接影响到交叉口的通行能力和交通安全性。几何设计主要包括交叉口的进口道宽度、车道数目、转弯半径和视距要求等。

1. 进口道宽度与车道数的设置：进口道宽度和车道数的设置应根据交叉口的交通流量和交通方式进行合理规划，主干路交叉口的进口道通常需要设置多条机动车道和非机动车道，以应对较大的交通流量；次干路和支路交叉口的进口道宽度和车道数相对较少，但设置专用的左转和右转车道，以提高通行效率。合理的进口道宽度和车道数设置能够减少车辆的排队等待时间，提升交叉口的整体通行能力。

2. 转弯半径的设计：转弯半径的设计是确保车辆在交叉口平稳转向的关键要素，较大的转弯半径有助于减少转弯车辆的离心力，提高行车的稳定性和安全性。主干路交叉口的转弯半径一般不应小于 15 米，次干路和支路的转弯半径可根据实际情况适当调整。合理的转弯半径设计能够减少车辆的转弯冲击，降低交通事故的风险。

3. 视距的要求：视距是指驾驶员在行驶过程中能够清晰观察到的前方道路情况，交叉口的设计确保有足够的视距，以便驾驶员能够及时发现前方的交通状况，采取相应的制动或避让措施。视距的要求需根据道路的等级、设计速度和交通方式进行合理设置，特别是在视距受限的交叉口，应设置适当的警示标志和信号灯，确保交通安全。

（三）交通信号与标志标线的优化设计

交叉口的交通信号与标志标线设计是交通组织的重要组成部分，其合理性直接影响交叉口的通行效率和安全性。科学的信号灯配时、标志和标线设置能够有效引导车辆和行人安全、有序通过交叉口。

1. 信号灯的优化配时：信号灯的优化配时是提高交叉口通行能力的重

要手段。信号灯配时应根据交通流量和流向进行科学设置，确保各方向的车辆和行人都有合理的通行时间。对于交通流量大的交叉口，可采用智能交通系统，根据实时交通数据动态调整信号灯的配时和周期，提高通行效率。合理的信号灯配时能够减少车辆的排队等待时间，避免交通拥堵。

2. 标志与标线的设置：标志和标线的设置应清晰明确，能够有效引导车辆和行人按照规定路线行驶。标志包括交通指示标志、警示标志和禁止标志等，应设置在醒目位置，并与交叉口的交通组织相匹配。标线包括车道线、分流线、停止线等，根据交通流量和交通方式合理划定，并采用醒目的颜色和材料，增强道路的可视性和安全性。

3. 交通诱导系统的应用：在大型交叉口或交通枢纽，可引入交通诱导系统，通过电子显示屏、交通信号灯、路面标志等多种方式，引导车辆按照最佳路线行驶，减少交通冲突和拥堵。交通诱导系统的应用需与智能交通管理系统相结合，实现交叉口交通流的动态监控和优化调度。

（四）交叉口交通组织与管理措施

交叉口的交通组织与管理措施是交叉口处理的关键部分，合理的交通组织和管理能够有效减少交通冲突和提高通行效率。交叉口的交通组织与管理需结合实际交通流量和交通方式进行灵活调整。

1. 交通分流措施：交通分流措施能够有效减少交叉口的交通压力，提高通行效率。分流措施包括设置单向通行、禁行措施和专用车道等。在交通流量较大的交叉口，设置左转专用车道和右转专用车道，减少车辆的交叉冲突。在高峰时段，还可采取限时禁行和单向通行措施，优化交通流的分布。

2. 人行道与非机动车道的安全保障：交叉口的设计充分考虑行人和非机动车的通行需求，确保行人和非机动车的安全。人行道设置专用的过街设施，如人行天桥、地下通道和斑马线等，减少与机动车的交叉冲突。非机动车道应通过护栏或绿化带与机动车道分隔，并设置明显的导向标志和标线，确保非机动车的安全通行。

3. 应急管理与设施配置：交叉口的应急管理与设施配置是保障交通安全的重要环节。应急管理措施包括设置应急车道、配备应急交通指挥设备和应急救援设施等。在交通事故或突发事件发生时，应及时调整信号灯配时和交通组织方案，确保交叉口的通行能力和安全性。

平面设计中的交叉口处理是市政道路设计的关键内容之一，涉及交叉口类型选择、几何设计要素、交通信号与标志标线优化以及交通组织与管理措施等多方面的内容。科学合理的交叉口设计能够提升道路的通行能力和安全性，为市民提供更加便捷、高效的出行体验。通过对交叉口的精细化设计和优化管理，可以有效减少交通冲突和拥堵，提升城市交通系统的整体运行水平。

四、平面设计的视觉效果与安全性

市政道路的平面设计不仅要考虑交通的通行能力和效率，还必须兼顾道路的视觉效果和交通安全性。良好的视觉效果设计可以提升城市道路的景观质量，增强驾驶员和行人的舒适感，同时合理的安全设计能有效减少交通事故的发生。平面设计中的视觉效果与安全性优化包括线形设计的平顺性、视距的保障、标志标线的设置、道路景观的优化等内容。

（一）道路线形的平顺性设计

平顺的道路线形设计能够增强视觉连续性，减少驾驶员的视觉疲劳，提高行车的舒适性和安全性。线形设计的平顺性包括直线段的配置、平曲线的合理设置、缓和曲线的应用等。

直线段与平曲线的合理搭配：在平面设计中，道路的直线段和平曲线需要科学搭配，以保证行车的视觉舒适性和安全性。直线段保持适当的长度，避免过短的直线段突然接上大半径的平曲线，造成驾驶员的视觉混乱和操作不适。平曲线的半径与道路的等级和设计车速相适应，确保车辆在转弯时的平稳性和舒适性。

缓和曲线的应用：缓和曲线是连接直线段与平曲线的过渡部分，其设计能够有效减少车辆在进入或退出平曲线时的离心力变化，提升行车的平稳性和安全性。缓和曲线的长度应根据设计车速和曲线半径进行合理设置，确保视觉过渡的自然和连续。缓和曲线的合理应用有助于降低驾驶员的操作负担，减少因突然转向或加速带来的交通事故风险。

竖曲线与纵坡的优化：竖曲线的平顺性设计同样对视觉效果和安全性有重要影响，合理的竖曲线设计避免突兀的坡顶或坡底，以保持驾驶员视野的连续性和清晰性。竖曲线的长度和曲率应根据道路等级、设计速度和地形条件进行优化调整，确保车辆在上下坡时的行驶平稳和安全。

（二）视距的保障与优化

视距是影响驾驶员反应时间和安全操作的重要因素，良好的视距设计能够提高行车的安全性，减少交通事故的发生率。视距的保障与优化应结合道路的功能定位、交通特征和环境因素进行综合考虑。

安全视距的要求：安全视距是指驾驶员在正常行驶过程中能够清晰观察到前方道路和交通情况的最小距离，安全视距的设计应确保驾驶员能够在紧急情况下有足够的时间和距离进行减速或制动，避免与前方车辆或障碍物发生碰撞。视距要求需根据道路等级、设计速度和交通方式进行设置，尤其是在交叉口、坡顶、弯道等处，设置足够的安全视距。

超车视距的设置：超车视距是指在双向行驶的道路上，驾驶员在执行超车操作时所需的最小视距。超车视距的设计考虑道路的设计车速、交通流量和车辆性能等因素，确保超车操作的安全性。在平面设计中，尽量避免在视距受限的路段，如陡坡、急弯处设置超车段，以防止交通事故的发生。

障碍物的清理与防护：在道路设计中，确保沿线的障碍物不妨碍驾驶员的视距。路旁的大型广告牌、绿化树木、建筑物等，若位于视距范围内，进行适当的调整或防护，保证驾驶员的视野开阔。设置合理的路肩和路侧护栏，防止车辆驶出道路或与障碍物相撞，提升道路的整体安全性。

（三）标志标线的设置与管理

标志标线是道路交通管理的重要组成部分，其合理设置能够有效引导车辆和行人的行为，提升道路的通行效率和安全性。标志标线的设置与管理应结合道路的线形设计、交通组织和安全需求进行科学规划。

标志的合理配置：交通标志的设置明确、醒目，能够有效传达交通信息，提醒驾驶员和行人注意行车安全。标志的类型包括指示标志、警示标志和禁止标志等，应根据不同的交通状况和道路条件进行合理配置。在急弯、陡坡和交叉口等危险路段，设置明显的警示标志，以提示驾驶员减速慢行；在高速公路的出入口、服务区等位置，应设置指示标志，帮助驾驶员识别路线和方向。

标线的科学设置：道路标线包括车道线、导向线、停止线、人行横道线等，其设置清晰明确，能够有效引导车辆和行人的行为。标线的宽度、颜色和材料选择应符合相关规范和标准，确保其在各种天气条件下的可视性和耐久性。特别是在夜间或雨天等视线不良的情况下，应采用高反光材料制作标线，增强其可辨识度。

动态交通标志的应用：在交通流量较大或交通情况复杂的路段，采用动态交通标志，如电子显示屏、可变信息标志等，通过实时信息的更新，引导驾驶员按照当前的路况和交通组织要求行驶。动态交通标志的应用需与智能交通管理系统相结合，实现对交通流的动态监控和管理。

（四）道路景观与安全设施的优化

良好的道路景观设计不仅能美化城市环境，还能增强道路的视觉效果和交通安全性。道路景观与安全设施的优化应结合道路的功能定位、环境特征和城市规划要求进行系统设计。

绿化景观的配置：绿化景观的合理配置能够有效改善道路环境，减少车辆尾气和噪声的影响。道路的绿化带结合道路的平面线形和横断面设计进行合理设置，在保证交通安全的前提下，提升道路的景观效果。绿化植物的选择应考虑其耐污染性、抗压性和养护成本，避免过高的树木或灌木影响驾驶员的视距和行车安全。

安全设施的布设：安全设施包括护栏、防撞垫、反光镜、防滑设施等，其合理布设能够有效保障道路的安全性。护栏应设置在急弯、陡坡、桥梁和隧道出入口等危险路段，防止车辆冲出道路或相撞。防滑设施应设置在容易打滑的路段，如坡道、弯道、桥面等，防止因雨雪天气导致的交通事故。反光镜可设置在视线不良的交叉口或弯道处，帮助驾驶员观察盲区，减少交通事故的发生。

夜间照明的优化设计：夜间照明是保障夜间行车安全的重要设施，合理的照明设计应确保道路和交叉口的亮度均匀，避免因光线不均匀导致的驾驶员视觉疲劳和交通事故。路灯的类型、灯杆高度、照明强度和布局根据道路的等级和功能进行优化配置，特别是在事故多发路段应加强照明，提升夜间的安全性。

平面设计的视觉效果与安全性是市政道路设计的核心内容之一，合理的线形设计、视距保障、标志标线设置和景观优化能够有效提升道路的视觉效果和交通安全性。通过科学的平面设计，减少驾驶员的视觉疲劳和操作不适，提高道路的通行能力和服务水平，为市民提供安全、舒适的交通环境。合理的设计和优化不仅能改善城市景观，还能有效降低交通事故的发生率，促进城市交通系统的可持续发展。

第三节　纵断面设计

一、纵断面设计的基本概念

纵断面设计是市政道路设计中的一个重要组成部分，它主要涉及道路沿纵向方向的高程变化及其曲线设计。合理的纵断面设计可以提高道路的通行能力和安全性，减少施工成本和维护费用，并对环境产生积极的影响。纵断面设计的核心内容包括道路的纵坡、竖曲线和设计标高的确定等。

（一）纵坡的概念与控制

纵坡是道路沿其中心线方向的坡度，是纵断面设计的基本组成部分。合理的纵坡设计能够有效保证道路的行车安全和舒适性，控制车辆在上坡和下坡时的加速和减速行为，减少能耗和事故风险。

纵坡的定义：纵坡通常以百分比（％）表示，是道路纵断面中一定长度范围内高程变化与水平距离之比，纵坡的设计需满足城市道路交通安全和舒适性的要求，同时也需兼顾施工和维护的成本。

纵坡的分类与适用范围：根据坡度的大小，纵坡可分为平坡、缓坡、陡坡等；平坡适用于交通流量大且需要保持车速的城市主干道和快速路；缓坡适用于一般城市道路；陡坡则通常用于交通流量小、车速要求低的次干路和支路。不同类型的道路，其纵坡设计有不同的适用范围和标准。

纵坡的控制标准：纵坡的设计需严格遵循相关的道路设计规范，对于城市主干路，最大纵坡一般不应超过 3％；次干路的最大纵坡不应超过 4％；支路的最大纵坡可根据实际地形条件适当增加，但一般不应超过 6％。过大的纵坡会导致车辆上坡时动力不足，下坡时制动困难，增加交通事故的风险，纵坡的控制是纵断面设计中的重要环节。

（二）竖曲线的类型与设计

竖曲线是用于连接不同坡度的纵坡段，使得道路纵断面线形平顺，减少驾驶员视觉不适和行车不安全；竖曲线的设计包括凸形竖曲线和凹形竖曲线两种类型。

凸形竖曲线的设计：凸形竖曲线通常用于坡度变小或由上坡转为下坡的路段，其设计需考虑车辆在坡顶的视距要求，确保驾驶员能够清晰观察到前方道路情况。凸形竖曲线的长度应根据设计速度和纵坡变化进行计算，通常主干路的最小凸形竖曲线长度不应小于 100 米，次干路和支路可适当减少，但不得低于 30 米。合理的凸形竖曲线设计能够有效减少视觉突变，提升行车的舒适性和安全性。

凹形竖曲线的设计：凹形竖曲线用于坡度增大或由下坡转为上坡的路段，其设计需考虑夜间行车时的照明条件和雨水排放问题。凹形竖曲线的长度需保证车辆在转入或退出曲线时的平稳性，避免由于曲率变化过大导致的行车颠簸和不适。一般情况下，主干路的最小凹形竖曲线长度不应小于 80 米，次干路和支路的设计可以相应调整。

竖曲线半径的设置：竖曲线的半径是影响车辆行驶舒适性的重要参数，竖曲线的半径越大，车辆的行驶越平稳。主干路的竖曲线半径通常不应小于 2000 米，次干路和支路的半径可以根据实际地形条件适当减少。竖曲线半径的设置需结合道路的等级、设计车速和交通流量等因素，确保道路的安全性和舒适性。

（三）设计标高的确定与调整

设计标高是道路纵断面设计中的关键内容，决定了道路的高程走向和排水坡度。合理的设计标高能够优化土方工程量，减少施工成本，提升道路的整体运行效果。

设计标高的确定原则：设计标高根据道路的功能定位、地形条件、排水要求和周边用地情况进行合理确定。对于城市主干道，设计标高应尽量保持平稳，避免频繁的高低起伏，以提升行车舒适性和安全性；对于次干路和支路，设计标高应与周边地形、建筑物和管线等基础设施相协调，确保道路与周边用地的顺畅衔接。

土方工程量的优化：在设计标高的确定过程中，尽量减少土方工程量，避免大量的挖填方工程，降低施工成本和环境影响。通过对纵断面高程的合理调整，有效减少挖方或填方的高度，平衡土方量，优化工程造价。

排水坡度的设置：设计标高的确定还需考虑道路的排水坡度，排水坡度的设置应确保道路在雨天能够迅速排除路面积水，避免积水对行车安全和道路结构的破坏。一般情况下，主干道的最小排水坡度不应小于 0.3%，次干路和支路的排水坡度可以适当增大，以提升道路的排水能力。

（四）纵断面设计中的安全与环境因素

纵断面设计不仅要满足交通功能的需求，还应考虑交通安全和环境保护的要求。合理的纵断面设计能够有效提高道路的运行安全性，减少对周边环境的负面影响。

交通安全的保障措施：在纵断面设计中，应合理设置减速带、缓坡段和警示标志，确保车辆在上下坡段的安全行驶。对于纵坡较大的路段，应设置逃生车道或缓冲带，防止车辆在下坡时失控。交通安全的保障措施应与道路的平面设计、横断面设计相结合，形成全面的安全防护体系。

环境影响的优化：纵断面设计应尽量减少对自然地形的破坏和生态环境的影响，在山地、丘陵等地形复杂的区域，通过合理的纵坡和竖曲线设计，减少对植被、水系等生态要素的干扰，保护自然景观和生态系统。对于产生水土流失的路段，设置截水沟、排水沟和护坡设施，防止水土流失和地质灾害的发生。

噪声和视觉屏障的设置：在纵断面设计中，还需考虑噪声污染和视觉屏障的设置。对于临近居民区的道路，通过合理的纵坡设计和绿化隔离带设置，减少车辆噪声对居民的影响。同时在视距受限的路段设置防眩板、反光镜等设施，提升行车的视觉舒适性和安全性。

纵断面设计是市政道路设计的重要组成部分，其科学合理的设计能够提升道路的通行能力、安全性和环境友好性。通过合理的纵坡设计、竖曲线优化、设计标高的确定与调整，以及安全与环境因素的综合考虑，实现市政道路纵断面的精细化设计，保障市民的安全出行和城市的可持续发展。有效的纵断面设计不仅优化了道路的整体功能，还降低建设和维护成本，为市政工程的顺利实施提供了有力支持。

二、纵断面设计的纵坡与竖曲线

纵坡和竖曲线是市政道路纵断面设计中的两个重要要素，它们直接影响道路的行车安全性、通行效率和工程造价。纵坡的合理设置能够确保车辆在上下坡道上的平稳运行，而竖曲线的设计则保障了坡度变化处的行车舒适性和安全性。科学合理的纵坡与竖曲线设计能够有效提升道路的整体功能和服务水平。

（一）纵坡的设计原则与控制标准

纵坡是指道路沿中心线方向的坡度，其设计直接影响车辆在道路上的动力消耗、制动效果和行车安全。合理的纵坡设计能够优化行车性能，提升道路的运行效率。

纵坡的设计原则：纵坡的设计应符合道路等级和交通需求的要求，保证车辆在上下坡段的行驶安全和舒适性。纵坡的设计需考虑车辆在不同坡度条件下的加速、制动和操纵特性。对于主干路和快速路，应尽量设计平缓的纵坡，以确保车辆能够以较高的速度平稳行驶；而对于次干路和支路，则可结合地形条件适当增加纵坡，但应确保车辆在坡道上的安全性和可控性。

纵坡的最大控制标准：不同等级的道路，其最大纵坡标准有所不同。主干路的最大纵坡一般不应超过 3％，次干路的最大纵坡不应超过 4％，支路的最大纵坡可根据实际地形条件适当增加，但通常不应超过 6％。纵坡过大导致车辆在上坡时动力不足，下坡时制动困难，增加交通事故的风险。在纵坡设计中应尽量控制纵坡的大小，避免出现过陡的坡度。

纵坡的最小控制标准：为确保道路的有效排水和避免路面积水，纵坡的最小值也需要进行控制。通常情况下，主干路的最小纵坡不应小于 0.3％，次干路和支路的最小纵坡可根据地形和排水条件适当调整，但不应低于 0.2％。合理的最小纵坡设计能够确保道路在雨天或雪天能够迅速排除积水，提高行车的安全性和道路的使用寿命。

变坡点的设置：在纵坡设计中，变坡点是纵坡变化的关键节点，其位置和坡度变化应合理布置，确保驾驶员的视觉舒适性和行车安全性。变坡点应设置在视距良好、道路条件相对平直的路段，避免在急弯、陡坡等复杂路段设置变坡点，以减少驾驶员的视觉和操作负担。

表 3—2　　　　　　　　　纵坡的设计原则与控制标准

设计内容	设计原则与控制标准	适用道路等级
最大纵坡	主干路≤3％；次干路≤4％；支路≤6％	主干路、次干路、支路
最小纵坡	主干路≥0.3％；次干路和支路≥0.2％	主干路、次干路、支路
纵坡变化的合理性	纵坡变化应平缓，避免突然变化；设置缓坡段过渡	所有等级道路
长纵坡设计	长坡度路段应分段设置缓坡段，缓坡长度根据实际情况设计	主干路、次干路
变坡点的设置	变坡点应设置在视距良好、道路条件平直的路段，避免在急弯、陡坡等复杂路段设置	所有等级道路

设计内容	设计原则与控制标准	适用道路等级
纵坡与排水坡度的协调	纵坡与排水坡度需协调设置，确保道路和边坡的排水通畅	所有等级道路
特殊路段的纵坡设计	桥梁、隧道、交叉口等特殊路段的纵坡应平缓，不宜设置过大坡度	主干路、次干路
地形条件适应性	根据地形条件适当调整纵坡设计，确保道路与周边环境协调，避免大量挖填方工程	山地、丘陵、平原等地形道路

（二）竖曲线的类型与设计要求

竖曲线是连接不同纵坡的过渡曲线，其设计直接影响道路纵断面的平顺性和车辆行驶的舒适性。竖曲线主要分为凸形竖曲线和凹形竖曲线两种类型，各有其特定的设计要求和适用条件。

凸形竖曲线的设计要求：凸形竖曲线用于上坡坡度逐渐变为下坡或坡度逐渐减小时的过渡段。凸形竖曲线的设计应考虑驾驶员在坡顶处的视距要求，确保行车安全。通常凸形竖曲线的最小半径应根据设计速度和坡度变化进行计算，主干路的最小凸形竖曲线半径一般不应小于 2000 米，次干路和支路可根据实际情况适当减少，但不应低于 500 米。合理的凸形竖曲线设计能够有效避免视距突变，提升行车的安全性和舒适性。

凹形竖曲线的设计要求：凹形竖曲线用于下坡坡度逐渐变为上坡或坡度逐渐增大时的过渡段，凹形竖曲线的设计应考虑夜间行车的照明条件和雨水排放问题，确保行车的安全性和舒适性。一般情况下，凹形竖曲线的最小半径应根据设计速度和坡度变化进行设置，主干路的最小凹形竖曲线半径通常不应小于 1500 米，次干路和支路可适当减少，但应确保车辆在凹形竖曲线处的平稳行驶。

竖曲线的长度设计：竖曲线的长度是决定车辆行驶平稳性的重要因素，竖曲线的长度应根据曲线半径、设计速度和坡度变化进行合理设置，确保车辆在进入和退出竖曲线时能够平稳过渡，避免因突然的坡度变化导致的行车不适或安全隐患。主干路的竖曲线长度不应小于 60 米，次干路和支路的竖曲线长度应根据实际条件进行调整。

竖曲线的平顺过渡：在竖曲线设计中，确保凸形和凹形竖曲线的平顺过渡，避免出现突然的高差变化。竖曲线的起点和终点应与直线段或缓和曲线相衔接，保证道路的连续性和行车的平稳性。通过合理的竖曲线设计，有效减少驾驶员的视觉疲劳和操作难度，提高道路的安全性和舒适性。

（三）纵坡与竖曲线的组合设计与优化

在纵断面设计中，纵坡和竖曲线需进行综合考虑，确保两者的合理组合与优化，提升道路的整体功能和安全性。

纵坡与竖曲线的组合设计原则：纵坡与竖曲线的组合设计应遵循平顺、连续的原则，避免急剧的坡度变化和曲率突变。合理的组合设计能够提高行车的舒适性和安全性，减少车辆的加速和制动频率，降低能耗和维护成本。在设计过程中，根据道路的等级、交通特征和地形条件，科学调整纵坡和竖曲线的参数，确保两者的有机结合。

道路节点处的纵坡与竖曲线优化：在道路节点（如交叉口、桥梁、隧道）处，纵坡和竖曲线的设计需特别优化，确保道路的通行能力和安全性。在交叉口处，避免设置过大的纵坡和较小的竖曲线半径，以减少车辆在转弯和减速时的操作难度。在桥梁和隧道的衔接处，设置平缓的竖曲线和合理的纵坡，保证车辆的平稳过渡和行车的安全性。

变坡点与竖曲线的衔接优化：变坡点是纵坡变化的关键节点，在竖曲线的衔接设计中需合理布置，确保视距良好、道路条件平稳。变坡点不宜与竖曲线的起点或终点重叠，设置在相对平直的路段，避免在急弯或陡坡等复杂路段设置变坡点。合理的变坡点和竖曲线衔接优化能够减少驾驶员的视觉和操作负担，提升行车的安全性和舒适性。

纵断面设计中的纵坡与竖曲线是市政道路设计的关键内容，其科学合理的设计直接影响道路的通行能力、安全性和使用寿命。通过对纵坡的合理控制、竖曲线的类型设计与长度优化，以及纵坡与竖曲线的组合设计与优化，有效提升市政道路的整体运行效果。合理的纵坡与竖曲线设计不仅能够保障行车的平稳和安全，还能优化土方工程量，降低施工成本，为城市交通系统的高效运行提供坚实的技术支撑。

三、纵断面设计的排水与防洪考虑

在市政道路的纵断面设计中，排水与防洪是不可忽视的关键要素，合理的排水设计可以有效排除道路积水，防止路面打滑、积水和冰冻等问题，提高行车安全性和舒适性。防洪设计则需要确保道路在暴雨或洪水期间不被淹没，保障道路的正常通行。排水与防洪设计需结合道路的纵断面特点、地形地貌、水文条件等因素，科学规划与布局。

（一）道路排水坡度的设置

排水坡度的合理设置是确保道路在雨天或洪水期间不积水的基本要求。道路的纵坡设计需考虑排水坡度，确保路面积水能够迅速排除，保障行车安全。

排水坡度的设计原则：排水坡度的设计结合道路的等级、地形条件和降水量等因素进行科学规划。合理的排水坡度可以防止路面积水，减少车辆在雨天或雪天的打滑风险。主干道的最小排水坡度通常不应小于0.3％，次干路和支路的排水坡度可根据实际情况适当调整，但一般不应低于0.2％。排水坡度过小容易导致路面积水，影响行车安全；而排水坡度过大则导致路面冲刷和水土流失，避免出现。

纵坡与排水坡度的协调：在纵断面设计中，纵坡和排水坡度需相互协调，确保两者之间的平衡关系。特别是在低洼地段和坡底，适当增加排水坡度，避免积水问题；对于长坡路段，设置缓坡段或调整坡度变化，形成合理的排水坡度，确保雨水能够顺利排出路面。

边坡排水的设计：在道路的边坡段，考虑设置边坡排水坡度，确保雨水不会滞留在边坡表面。边坡排水坡度应根据地形条件和边坡长度进行优化设计，通常在2％至5％之间。合理的边坡排水坡度设计能够减少边坡的水土流失和滑坡风险，提高道路的安全性和稳定性。

（二）道路排水设施的设计

排水设施是道路排水系统的重要组成部分，合理的排水设施设计能够有效排除路面积水，防止洪水淹没道路。排水设施包括排水沟、截水沟、雨水口和排水管道等。

排水沟的布置与设计：排水沟是沿道路两侧或中央设置的排水设施，主要用于收集和排放路面积水。排水沟的布置应结合道路的纵坡和排水坡度进行合理设计。对于宽度较大的主干道，通常在道路两侧或中央设置排水沟，确保路面积水能够迅速排放。排水沟的断面形式可采用矩形、梯形或半圆形，根据排水流量和地形条件确定其尺寸和坡度，确保排水效率。

截水沟的设置：截水沟是一种用于截留和引导边坡或山坡来水的排水设施，通常设置在道路的上边坡处。截水沟的设置能够有效防止山坡雨水冲刷路面和路基，保护道路的结构稳定性。截水沟的断面形式和尺寸应根据地形地貌、水文条件和降雨强度进行合理设计，确保其排水能力。

雨水口与排水管道的配置：雨水口是收集路面积水的设施，通常设置在路缘石下方或路面最低点。雨水口的间距和尺寸应根据道路的纵坡、排水坡度和降水量进行合理布置，确保积水能够迅速排入排水管道。排水管道是道路排水系统的骨干，其设计应结合道路的纵断面和地形条件，确保雨水能够顺利排放至市政排水系统或自然水体。

（三）防洪措施的布置与优化

防洪设计是市政道路纵断面设计中的重要内容，特别是在易发生洪涝灾害的地区，道路防洪措施的合理布置显得尤为关键。防洪设计需考虑洪水的可能性及其对道路的影响，制定科学的防洪规划与布局。

道路高程与防洪标准的确定：道路的设计高程根据当地的防洪标准和洪水位确定，确保在发生洪水时，道路不被淹没或损毁。一般情况下，主干路的设计高程应高于50年一遇的洪水位，次干路和支路可根据实际情况适当调整，但应确保至少高于20年一遇的洪水位。合理的道路高程设计能够减少洪水对道路的冲刷和侵蚀，保障交通的连续性和安全性。

护坡与防护墙的设置：在河道两侧或易发生洪水的路段，设置护坡和防护墙，防止洪水冲刷路基和路面，保护道路的结构稳定性。护坡和防护墙的设计应根据河道宽度、水流速度和洪水位等因素进行合理设置，确保其具有足够的强度和耐久性，能够有效抵御洪水的冲击。

排洪渠和调蓄设施的布置：在易发生洪涝的城市道路附近，设置排洪渠和调蓄设施，确保在暴雨或洪水期间能够迅速排除积水，减少对道路的影响。排洪渠应根据地形条件和洪水流量进行合理布置，确保洪水能够顺畅排放。调蓄设施则用于临时储存洪水，减缓洪水流量对道路和下游区域的冲击。调蓄设施的容量和布置应根据洪水预测和城市防洪规划进行设计。

（四）排水与防洪设计的综合优化

排水与防洪设计不仅要满足道路的功能需求，还需结合环境保护、经济性和可持续发展的要求，进行综合优化和布局。

排水与防洪设施的协调设计：在排水与防洪设计中，排水设施和防洪设施应相互协调，形成有效的防护体系。排水沟和截水沟应与排洪渠和调蓄设施相结合，确保雨水和洪水能够顺利排放，避免积水和洪涝灾害的发生。合理的协调设计能够减少设施的重复建设，降低工程成本，提高防护效果。

绿色排水与防洪设计：绿色排水与防洪设计是近年来城市建设中的新理念，通过结合自然生态系统，实现可持续的排水与防洪效果。在道路两侧设置下沉式绿地和雨水花园，利用植被和土壤的渗透能力，减少路面积水和洪水的流量。绿色排水与防洪设计不仅能改善城市环境，还能提高道路的防洪能力和生态效益。

应急预案与维护管理的制定：在排水与防洪设计完成后，制定完善的应急预案和维护管理措施，确保排水与防洪设施的长期有效运行。应急预案应包括洪水预警、排水设施的应急调度和交通组织方案等内容；维护管理则需定期检查和清理排水沟、截水沟、排水管道和防护墙等设施，确保其畅通无阻和结构完整。

纵断面设计中的排水与防洪考虑是市政道路设计的关键环节，其科学合理的设计直接关系到道路的通行能力、安全性和耐久性。通过合理的排水坡度设置、排水设施的优化设计、防洪措施的综合布置，以及绿色排水与防洪理念的引入，可以有效提高市政道路的排水与防洪能力，保障城市交通系统的安全与稳定运行。合理的排水与防洪设计不仅能够减少积水和洪涝灾害的风险，还能提升道路的整体环境质量和服务水平，为城市的可持续发展提供坚实的基础。

第四节　无障碍步道体系规划与设计

一、无障碍步道体系的基本概念与重要性

无障碍步道体系是现代城市交通和公共空间规划的重要组成部分，其旨在为所有市民，包括老年人、残障人士、儿童等行动不便的人群，提供安全、便捷的步行通道。无障碍步道体系的设计不仅体现了城市的包容性和人文关怀，还在一定程度上反映了城市的文明程度和现代化水平。无障碍步道体系的合理规划与设计可以提升城市公共空间的可达性和使用体验，改善市民的生活质量。

（一）无障碍步道体系的定义与构成要素

无障碍步道体系是指在城市道路、人行道、公园、广场等公共空间中，为残障人士、老年人、儿童及其他行动不便人群提供的一种特殊设计的步行通道。其设计要求在不妨碍其他行人的前提下，为这些人群提供安全、便捷的通行路径，确保他们的出行自由和社会参与度。

无障碍步道通常包括平坦的步行道、无障碍坡道、盲道、轮椅坡道、无障碍出入口等设施。它们的设计要求是能够为行动不便者提供连续、通畅的通行空间，避免因台阶、障碍物或路面不平整而造成通行障碍。

无障碍步道体系的主要构成要素包括：

步行道：步行道的宽度和铺装材料应满足无障碍设计标准，确保行人通行的平稳性和安全性。

无障碍坡道：无障碍坡道用于替代台阶，坡度应符合规范要求，通常不超过 1：12，以确保轮椅或其他辅助设备的通行便利。

盲道：盲道是为视障人士提供的导向性设施，通常使用触觉砖铺设，盲道的布局应连续且与周围环境保持适当的对比度。

无障碍出入口：无障碍出入口的设计应充分考虑轮椅通行的宽度和坡度，并设置必要的扶手和防滑措施。

设计要点：无障碍步道体系的设计应确保通道的连续性、无障碍设施的完备性和无障碍信息的明确性，避免任何物理障碍影响残障人士的通行。

（二）无障碍步道体系的设计原则

连续性原则：无障碍步道体系应确保各段步行道和无障碍设施之间的无缝衔接，避免断点和不连续现象。从公交站台到建筑物入口，盲道和无障碍坡道应确保无缝连接，不得出现中断或绕行。

安全性原则：无障碍步道的设计应考虑使用者的安全需求，对于步道和坡道的材料选择，使用防滑材料；在步道两侧设置适当高度的护栏或护墩，防止使用者因失足而跌落。步行道应避免出现急转弯和突起物，确保视障人士和轮椅使用者的安全。

易识别性原则：无障碍步道和相关设施应具备良好的识别性，确保使用者能够方便地找到和识别。盲道的颜色应与周围路面形成鲜明对比，并定期维护其表面光洁度和触感质量，避免长时间使用导致的磨损或污染。

人性化原则：无障碍步道体系的设计应体现对使用者的人文关怀，步行道的宽度应考虑两辆轮椅并排行驶的需求；无障碍坡道的起始和终止位置应设置平缓的过渡段，并考虑设置休息平台，为使用者提供足够的舒适体验。

（三）无障碍步道体系的重要性

无障碍步道体系不仅是为行动不便者提供出行便利的基础设施，也是城市社会文明进步的象征。无障碍步道体系的建设体现了对弱势群体的关怀和尊重，为残障人士、老年人和其他行动不便者提供了平等参与社会活动的机会，促进了社会的公平与和谐。一个拥有完善无障碍设施的城市，能够更好地体现社会的包容性和人文精神。无障碍步道体系的建设改善了城市公共空间的品质，提高了步行环境的安全性和舒适性。无障碍步道的设计不仅能为弱势群体提供便利，还能优化整体城市景观，提升市民的生活质量。现代城市的建设应当重视公共空间的无障碍设计，打造更宜居、更人性化的城市环境。无障碍步道体系的建设有助于鼓励步行等绿色出行方式，减少对机动车的依赖，改善城市空气质量，降低噪声污染。国际上，无障碍设计已成为评估一个城市现代化水平和国际化程度的重要指标；通过完善无障碍步道体系的规划与建设，城市可以展现出其先进的管理理念和高水平的公共服务能力，提升国际影响力和竞争力。

无障碍步道体系的规划与设计是现代城市建设中的重要内容，体现城市对弱势群体的关怀和社会包容性。通过科学合理的无障碍步道体系设计，可以提升城市的公共空间品质和社会公平性，促进绿色出行和健康生活方式的普及，改善城市的国际形象。无障碍步道体系不仅是为行动不便者提供的便利设施，更是城市文明进步的重要标志。市政设计人员在无障碍步道体系的规划与设计中，应始终秉持人性化、安全性、易识别性和连续性的原则，确保步道体系的科学性和实用性，为市民创造更加安全、便捷、舒适的出行环境。

二、无障碍步道体系的规划原则与方法

无障碍步道体系的规划是城市基础设施建设中的关键环节，其目的是为行动不便的群体（如老年人、残障人士、儿童等）提供安全、连续、便捷的步行通道，确保他们的平等出行权利和社会参与度。无障碍步道体系的规划需要遵循一系列科学的原则和方法，综合考虑道路功能、交通流量、地形地貌、城市空间布局等因素，合理布局和设计无障碍设施。

（一）无障碍步道体系的规划原则

可达性原则：无障碍步道的规划应确保所有步行道、公共建筑、交通设施、公共服务场所等之间的无缝连接，形成连续、通畅的无障碍步道网络。步道的可达性应覆盖城市中各类人流密集区域，如学校、医院、商场、公园、交通枢纽等，避免因设施的间断或缺失导致行动不便者无法顺利到达目的地。

安全性原则：无障碍步道的规划应以确保使用者的安全为核心，避免设计过于陡峭的坡道或不稳定的台阶等障碍物。步道表面应采用防滑材料，确保在雨雪天气下的通行安全。设置足够的照明设施、护栏、扶手和安全标志，防止意外事故的发生。

便利性原则：无障碍步道的规划确保设施的便利性，使步行道、无障碍坡道、盲道等设施易于使用。步道宽度符合轮椅、助行器等设备通行的需求，确保无障碍设施在使用过程中不受阻碍。规划中考虑到无障碍设施的使用频率和需求特点，合理布置休息区、无障碍公厕等辅助设施，提升无障碍步道体系的便利性和舒适性。

环境协调性原则：无障碍步道体系的规划应与城市整体风貌和周边环境协调统一，避免过于突兀或影响景观的设计。无障碍设施的材料、色彩和形式应与周围的建筑风格和环境相融合，形成良好的视觉效果，同时避免对周边居民和其他使用者造成不必要的干扰。

（二）无障碍步道体系的规划方法

无障碍步道体系的规划需要综合考虑城市的整体布局、道路等级、地形地貌、交通流量等因素，采取科学的方法进行规划布局。规划方法包括步行需求分析、功能分区布局、设施配置优化等。

步行需求分析与评估：无障碍步道体系的规划应以步行需求分析为基础，通过调查和研究，评估城市不同区域内行动不便者的出行需求和行为特征。步行需求分析包括对步行流量、出行频率、出行目的地分布等方面的调查，了解哪些区域、道路和设施需要优先考虑无障碍设计。基于步行需求分析，规划应重点覆盖人口密集区、老旧居民区、公共服务场所等地，满足无障碍设施的有效覆盖。

功能分区布局与设施配置：根据步行需求分析结果，结合城市的整体规划布局，无障碍步道体系应进行合理的功能分区布局。无障碍步道应优先在主干道、次干道及重要的城市节点区域进行配置，形成主次分明的无障碍步道网络。对于人流量较大的区域，增加无障碍步道的宽度和设施数量，提升通行效率和安全性。设施配置应遵循均衡分布的原则，避免出现设施集中或匮乏的情况，确保无障碍步道体系的整体效能。

无障碍设施的优化设计与配置：无障碍步道体系的规划应注重设施的优化设计和配置，包括无障碍坡道、盲道、轮椅坡道、无障碍出入口、无障碍公厕、休息区等。无障碍坡道应设置在步行道的起终点和重要节点位置，坡度不宜过陡，需设置防滑条和扶手。盲道的设置应与步行道平行，形成连续的导向路线；轮椅坡道和出入口应设置在交通流量大、需求密集的区域，确保轮椅使用者的通行便捷。

无障碍步道的衔接与转换设计：无障碍步道体系的规划应考虑不同类型步道的衔接与转换设计，确保无障碍设施的连续性和无缝衔接。公交站台与人行道之间应设置无障碍坡道和盲道，公共建筑出入口应与步行道无障碍设施相衔接。衔接与转换设计应避免台阶、断点等不利于行动不便者通行的设计，提高无障碍步道体系的整体连贯性。

无障碍步道体系的规划原则与方法是城市道路设计中的重要内容，直接关系到城市公共空间的使用便捷性和包容性。通过遵循可达性、安全性、便利性和环境协调性等原则，结合步行需求分析、功能分区布局、设施优化配置等科学方法，可以构建出合理、完善的无障碍步道体系。无障碍步道体系不仅为行动不便者提供了安全、便捷的出行条件，还提升了城市公共空间的品质和社会的公平性，为建设宜居、和谐的现代城市提供了有力支持。

三、无障碍步道体系的设计要求与细节

无障碍步道体系的设计要求与细节是确保其功能性、安全性和便利性的关键所在。科学合理的设计应当充分考虑各种行动不便者的需求，包括残障人士、老年人、儿童等，提供一个安全、舒适、连续的步行环境。无障碍步道体系的设计细节涵盖了步行道的宽度与铺装、无障碍坡道的坡度与材质、盲道的布设规范与材料选择等内容。

（一）无障碍步行道的设计要求

无障碍步行道是无障碍步道体系的基础，其设计直接影响到步行者的通行便利和安全。无障碍步行道的设计要求主要包括宽度、铺装材料、防滑性能等方面。

步行道宽度设计：无障碍步行道的宽度确保轮椅和助行器的顺畅通行，同时满足高峰期人流量的需求。一般情况下，主干道和次干道的人行道宽度

应不小于 1.8 米，以保证两辆轮椅并行通过；在支路或较窄的街道上，人行道的最小宽度不应小于 1.5 米，以确保单辆轮椅顺利通行。在人流密集区或大型公共建筑附近，可适当增加步行道的宽度。

铺装材料选择与防滑性能：无障碍步行道的铺装材料应采用防滑性能良好的材料，如防滑砖、透水砖等。材料的选择应确保在不同天气条件下的防滑效果，避免行人尤其是行动不便者因路面湿滑而发生意外。铺装材料应平整无突起或坑洼，避免因路面不平整导致轮椅或助行器的行进困难。

路缘石的处理：无障碍步行道与机动车道之间的路缘石应进行无障碍设计处理，确保轮椅、助行器和儿童车能够顺利通过。路缘石的高度应低于 1.5 厘米，或者采用无缝衔接的过渡设计，防止轮椅和助行器被卡住或无法通过。

（二）无障碍坡道和楼梯的设置要求

无障碍坡道和楼梯的设置是无障碍步道体系设计中的重要环节，其设计需考虑坡度、长度、扶手和防滑措施等细节，确保行动不便者的安全通行。

坡道的坡度与长度设计：无障碍坡道是替代台阶的主要设施，其坡度应严格控制在安全范围内。一般情况下，无障碍坡道的坡度不应超过 1：12（约 8.3%），以确保轮椅或助行器的通行安全。坡道的最大长度不应超过 9 米，超过此长度的坡道应设置宽度不小于 1.5 米的水平休息平台，以防止使用者因过长的坡道而疲劳。

扶手的设置：坡道两侧应设置连续的扶手，扶手高度应为 85 厘米至 90 厘米，以方便不同身高的使用者握持。扶手应具备良好的防滑性能，采用圆管或椭圆管设计，避免尖角或锐边。扶手的端部应向内弯曲或延伸至地面，防止衣物或包裹钩挂在扶手上。

楼梯的设计要求：在步道系统中不可避免地存在楼梯时，在每一级台阶的前缘设置防滑条，并使用对比鲜明的色彩进行标示，方便视障人士识别。楼梯踏步的高度应均匀，通常不应超过 15 厘米；踏步的深度应不小于 28 厘米，确保行走安全。

防滑措施：无障碍坡道和楼梯的表面应设置防滑材料或防滑条，以提高雨雪天气下的通行安全性。防滑材料应选择耐用、防腐蚀且易于维护的材料,并定期检查和更换,保持良好的防滑效果。

(三)盲道的布设规范与材料选择

盲道是为视障人士提供的导向和警示设施,其设计需要符合严格的规范要求,确保视障人士的安全和便捷通行。

盲道的布设规范:盲道的布设应连续、无障碍,并与步行道的方向一致,避免出现中断或偏离。盲道始终沿人行道的主通行方向布设,直至到达目的地的入口或公交站台等设施,确保视障人士能够顺利到达目的地。在交叉口和转弯处应设置导向盲道砖,提示行进方向的变化。

盲道的宽度与间距:盲道的宽度一般为30厘米至60厘米,具体根据步行道的宽度和人流量进行合理设置。导向盲道砖之间的间距应均匀,不得出现过宽或过窄的情况,避免视障人士行进中偏离方向。

盲道材料的选择:盲道材料选用具有明显触感差异的防滑砖或橡胶砖,表面应具备足够的摩擦力和耐磨性。颜色应与周围路面形成强烈对比,以便于视障人士和其他行人辨识。盲道砖的表面纹理应清晰、不易磨损,保证长时间使用后的效果。

盲道与其他设施的协调:盲道的布设应避免与其他设施如树木、垃圾桶、电话亭等发生冲突,确保盲道的畅通。若确需在盲道上方设置设施,保证其不会对视障人士构成障碍,并在设施位置前设置提示盲道砖,提醒使用者前方存在障碍物。

(四)无障碍信息提示与标志设置

标志设置的清晰性与可读性:无障碍设施的标志应醒目、清晰,使用国际通用的无障碍标志,如轮椅标志、盲人通道标志等。标志设置在醒目位置,如坡道起点、盲道入口、无障碍厕所入口等,并使用高对比度的颜色和简单易懂的符号。

语音提示装置的设置:在主要交通枢纽和人流密集的交叉口、公交站台等场所,设置语音提示装置,为视障人士提供方向、路线和交通信号等信息,确保其安全通行。

　　信息提示牌的高度与角度：信息提示牌的设置高度应符合人体工程学，通常为 1.4 米至 1.6 米，以确保轮椅使用者和行人均能方便阅读。提示牌应具备防雨、防晒和防眩光的功能，字体应清晰、易读。

　　无障碍步道体系的设计要求与细节是确保无障碍设施功能性、安全性和实用性的关键。通过科学合理的步行道设计、坡道和楼梯设置、盲道布设和信息提示等措施，可以为所有行动不便者提供一个安全、便捷、舒适的步行环境。无障碍步道体系的规划与设计不仅体现了城市对弱势群体的关怀和尊重，也提升了城市的公共服务水平和社会文明程度。市政设计人员在进行无障碍步道体系设计时，应严格遵循相关标准和规范，确保设计的科学性和实用性，为城市的宜居性和公平性做出贡献。

第四章　市政桥梁的相关设计

第一节　桥梁的总体规划设计

一、桥梁总体规划设计的流程与内容

市政桥梁作为城市交通系统的重要组成部分，其设计的合理性与科学性直接影响到交通流通效率与城市发展。在桥梁的总体规划设计过程中，设计者不仅要考虑桥梁的功能性、耐久性，还需结合周边环境、地理条件等多方面因素[①]。桥梁总体规划设计是一个系统化的过程，涉及的内容广泛，涵盖了设计初期的调研分析、方案制定、技术实施等多个环节。

（一）调研分析与前期准备

桥梁总体规划设计的首要环节是调研分析与前期准备工作，设计者应对桥梁所在区域进行充分的实地勘测和数据采集，了解地质条件、水文情况、交通需求、城市发展规划等内容。在此基础上，结合城市未来的发展趋势与交通流量的预估，明确桥梁的设计目标和要求。调研分析主要包括：

地质勘测：了解桥址处的地质构造、土质性质以及地下水位等，确保设计方案能够适应实际地质条件，避免在施工和运营过程中出现结构安全隐患。

水文分析：对于跨越河流或海域的桥梁项目，充分考虑水文因素，如河

---

　　① 刘海强. 基于 3D Experience 的市政路桥 BIM 正向设计解决方法思考 [J]. 市政技术，2021，39（03）：150－152.

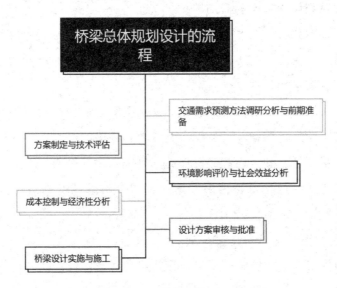

图 4－1　桥梁总体规划设计的流程

流水位变化、潮汐影响等，保证桥梁基础的安全性与稳定性。

交通需求分析：根据区域内的交通流量预测和现有交通压力，确定桥梁的通行能力和结构形式，以适应未来的交通发展需求。

通过全面、详实的调研分析，设计团队可以为后续设计工作打下坚实基础，同时也能有效降低施工过程中的风险。

（二）方案制定与技术评估

在完成前期的调研分析后，设计团队将进入方案制定与技术评估阶段。桥梁设计方案的制定不仅涉及到桥梁的结构形式，还需综合考虑经济性、可实施性以及美观等多方面因素。设计团队提出多个备选方案，通过技术评估和成本分析进行筛选，最终确定最优方案。

桥梁结构形式的选择：桥梁的结构形式主要包括梁式桥、拱桥、斜拉桥和悬索桥等。不同形式的桥梁适用于不同的地理环境和交通需求，设计者需要根据桥梁所在位置的具体条件，如跨径、地质、水文等，合理选择桥梁结构形式。

材料选用：桥梁的设计材料选择同样至关重要，常见的桥梁材料包括钢材、混凝土、预应力混凝土等。材料的选择不仅影响到桥梁的结构强度和耐久性，还关系到施工成本和后期维护。

技术可行性分析：在方案制定过程中，对桥梁设计方案的技术可行性进行全面评估。主要考虑施工难度、施工周期以及施工对周边环境的影响，确保设计方案具有可操作性。

美观与功能结合：现代桥梁设计不仅注重实用性，桥梁作为城市景观的一部分，其美学设计同样不可忽视。设计者将桥梁的美观性与功能性有机结合，力求在保证桥梁安全性和经济性的基础上，提升桥梁的视觉效果。

在多个方案经过技术评估后，设计者结合当地政府的意见以及公众反馈，选定最符合实际需求的设计方案。

（三）环境影响评价与社会效益分析

桥梁的规划设计不仅关乎工程本身的技术问题，还涉及到环境和社会效益的综合考量。在桥梁总体规划设计中，环境影响评价是必不可少的环节。通过详细的环境影响评价，设计者可以提前识别和预防桥梁建设对生态环境和人类活动造成的负面影响。

生态环境影响：桥梁建设对周边生态环境带来的破坏，如水体污染、植被损毁等，设计者提出相应的环境保护措施，尽量减少对生态系统的影响。

噪音与空气污染控制：施工期间的噪音和空气污染问题也是设计者需要重点关注的内容，通过制定合理的施工计划和使用环保施工技术，降低对周边居民生活的干扰。

社会效益分析：桥梁的建设将带来直接的社会效益，如缓解交通压力、促进区域经济发展等。从社会效益角度进行综合分析，确保桥梁设计能够满足社会公共需求。

环境影响评价和社会效益分析为桥梁设计的合法性和合理性提供科学依据，有助于桥梁设计方案的优化和实施。

（四）成本控制与经济性分析

成本控制是桥梁总体规划设计中的重要环节，设计者在方案制定阶段就充分考虑项目的建设成本，并通过多种手段进行优化，以提高桥梁建设的经济性①。

工程量估算：通过对施工图纸的详细计算，估算出项目的工程量，并对主要材料、人工成本和设备使用费等进行合理预算。

成本控制措施：在保证桥梁质量和安全的前提下，设计团队降低建设成本；优化材料选用、简化施工工艺以及提高施工效率等，都是降低成本的重要手段。

长期经济效益：桥梁不仅仅是一次性的投资，设计者还应从桥梁的全生命周期角度出发，分析其维护成本和使用寿命，确保其具有良好的长期经济效益。

桥梁总体规划设计是一个复杂而系统的过程，涉及调研分析、方案制定、环境评价和成本控制等多个环节。每一个步骤都需要设计者进行详细的技术分析和综合考虑，确保桥梁在功能、安全、美观、经济等多方面达到最佳平衡。在实际设计中，只有通过科学的流程与严谨的技术手段，才能确保桥梁的设计方案既满足交通需求，又能为城市发展提供有力支持。

二、桥梁总体规划设计的技术要求

市政桥梁设计是一项极具技术性和复杂性的工作，涉及结构力学、材料科学、地质水文分析等多学科内容。桥梁总体规划设计的技术要求直接关系到桥梁的安全性、耐久性和使用功能，因此设计者必须在规划设计阶段严格遵循相应的技术标准和规范，以确保桥梁设计满足实际工程需求。在此过程中，技术要求涵盖了结构设计、安全控制、材料选择等多方面内容。

（一）桥梁结构设计的技术要求

桥梁结构设计是总体规划设计的核心部分，结构形式的选择和设计必须符合桥梁的使用功能和环境条件。结构设计的技术要求旨在确保桥梁的安全性和功能性，同时满足施工和维护的便利性。

---

① 黄志刚. 市政路桥加固与改造设计要点 [J]. 工程建设与设计，2021，(01)：93—95.

荷载标准与设计方法：桥梁结构设计必须依据国家和地方的相关荷载标准进行计算，如《公路桥涵设计通用规范》等。根据桥梁所在区域的交通流量、车辆种类和其他荷载因素，对结构进行精确计算，确保桥梁能在使用寿命内承受设计荷载。常用的设计方法包括极限状态设计法和容许应力设计法，通过精确分析荷载效应和结构响应，确保桥梁在使用中具有足够的安全储备。

结构形式选择：不同的桥梁结构形式适用于不同的工程条件，梁式桥、拱桥、斜拉桥和悬索桥等形式各有其适用场景，设计者需要根据桥梁的跨径、地质条件、水文环境等因素选择合适的结构形式。尤其在大跨度桥梁的设计中，斜拉桥和悬索桥常被优先考虑，但这类桥梁对材料强度和施工技术的要求也相应提高。

结构稳定性要求：桥梁的结构稳定性是衡量其设计是否可靠的重要指标。设计过程中，需通过详尽的力学分析和结构验算，确保桥梁的结构在各种出现的工况下（如地震、风荷载、温度变化等）保持稳定，避免局部失稳或整体失效的情况。

（二）承载能力与安全控制技术要求

桥梁承载能力的设计和安全控制是确保桥梁长期安全使用的重要环节，桥梁的承载能力不仅要考虑常规交通荷载，还需考虑自然环境的影响，如风、地震、水流冲击等。

静载和动载设计：桥梁的承载能力设计需要充分考虑静载和动载效应，静载是桥梁自重、附属设施重量以及交通流量等造成的恒定荷载，而动载则是由车辆行驶、风荷载、地震力等引起的动态效应。设计者通过动态响应分析，确保桥梁能够在车辆荷载的频繁作用下，保持结构的安全与稳定。

安全系数与裕度控制：在桥梁设计中，安全系数的设置极为重要，安全系数反映了设计中留有的安全裕度。根据不同的设计规范和桥梁类型，为结构的关键部位设置合理的安全系数，确保桥梁在最大荷载下也能维持安全。设计中通常采取分项系数法，将材料强度、荷载效应等因素进行细致分解，确保每一环节的安全控制。

基础设计与承载力：桥梁基础的设计必须根据桥梁所在地的地质条件和水文环境进行精确分析，基础的承载力直接关系到整个桥梁的稳定性，特别是跨河桥梁和深基础桥梁，需重点考虑基础的抗冲刷能力和沉降控制。设计者通过地质勘查和实验数据，确保基础设计的合理性与安全性。

（三）材料选择的技术要求

桥梁材料的选择对于结构安全性、耐久性和经济性具有至关重要的影响，不同的桥梁类型和使用环境对材料的性能要求不同，设计者需在规划阶段充分考虑材料的物理力学性能、环境适应性以及经济成本等因素[①]。

材料力学性能要求：常用于桥梁的材料包括混凝土、钢材和预应力混凝土等，这些材料必须满足设计所要求的强度、弹性模量和抗拉抗压性能。在大跨度桥梁中，钢材由于其优越的抗拉性能，常作为主要材料；而在一般的市政桥梁中，混凝土的应用更为普遍。设计者根据桥梁结构形式和跨径，选择合适的材料种类和规格，并确保材料具有足够的韧性和延性。

耐久性和环境适应性：桥梁材料的耐久性直接关系到桥梁的使用寿命，设计者根据桥梁的使用环境（如海洋、大气腐蚀、水文条件等）选择合适的材料。在海洋环境中，桥梁材料应具有良好的抗腐蚀性能，设计中采用防腐涂层、耐腐蚀合金钢等材料。材料还需具有良好的抗冻融能力，特别是在寒冷地区，材料的抗冻性能是影响桥梁使用寿命的重要因素。

施工与维护便利性：材料的选择不仅考虑其性能，还需兼顾施工的可操作性和维护的简便性。在实际工程中，设计者需评估材料的加工、运输和安装难度，并结合当地的施工技术水平，选择施工工艺较为简单、维护成本较低的材料，以降低整体工程成本。

（四）抗震与耐久性设计的技术要求

市政桥梁由于其特殊的公共设施属性，必须具备较高的抗震能力和耐久性。抗震设计和耐久性设计是桥梁安全性和使用寿命的重要保障，设计者需根据桥梁所在区域的地震烈度、环境条件等因素，进行精确的结构设计和

① 樊甘露，唐世娇. 临汾大堤市政桥梁承台深基坑设计与施工技术 [J]. 建筑技术开发，2020，47（21）：43－45.

分析。

抗震设计要求：桥梁的抗震设计需根据所在区域的地震活跃度、地质构造以及桥梁的重要性等级进行精细计算。在抗震设计中，设计者重点考虑桥梁的整体抗震性和局部节点的抗震加固，通过合理的结构布置和材料选择，确保桥梁在强烈地震中能够保持足够的安全性和稳定性。常用的抗震设计方法包括设防震设计、耗能减震设计等，设计者应依据实际条件选择合适的抗震措施。

耐久性设计要求：桥梁耐久性设计的核心目标是延长桥梁的使用寿命，减少后期维护成本。设计者在规划阶段需充分考虑环境因素对桥梁结构的长期影响，如材料的腐蚀、疲劳损伤等。通过合理的设计措施，如材料的防腐处理、结构的防水设计以及关键节点的耐久性加强等，确保桥梁在设计使用年限内保持良好的结构性能。

疲劳设计与耐久性评估：桥梁的长期使用过程中，材料会因反复荷载作用产生疲劳损伤，尤其是钢结构桥梁，疲劳问题更加突出。设计者通过疲劳设计分析，确定桥梁的疲劳寿命，并在设计中采取必要的加强措施。进行耐久性评估，确保结构能够在各种环境条件下稳定运行。

桥梁总体规划设计的技术要求涉及多个关键方面，从结构设计、承载能力、安全控制，到材料选择、抗震设计和耐久性设计，每个环节都对桥梁的安全性、耐久性和功能性起到至关重要的作用。只有在设计过程中全面考虑这些技术要求，严格遵循相应的技术规范和标准，才能确保桥梁设计的合理性与科学性，最终实现桥梁的安全、经济和可持续使用。

第二节　桥梁设计

一、桥梁上部结构的类型与选择

桥梁上部结构是承载和传递交通荷载的关键部分，其类型和选择直接影响桥梁的性能、造价以及施工工艺。在市政桥梁设计中，上部结构的类型选择需根据具体的工程条件、交通需求、荷载大小以及经济性等因素综合考虑。设计者在选型时应对各种上部结构的特点、适用范围和施工难度进行详细分析，以确保桥梁的功能性、安全性和经济性。

（一）梁式桥的类型与选择

梁式桥是市政桥梁中应用最广泛的一类上部结构，因其结构简单、施工便捷、经济性强，适用于中小跨径桥梁。梁式桥上部结构的选择通常根据跨径、荷载要求以及施工环境进行优化[①]。

简支梁桥：简支梁桥是最基础的梁式桥形式，通常由钢筋混凝土梁或预应力混凝土梁组成，梁端部简单地支撑在桥墩或桥台上。简支梁桥适用于短跨径的桥梁，施工工艺较为简单，成本相对较低。其主要特点是施工周期短，适合在交通需求较急的市政工程中采用。简支梁桥由于结构连续性较差，整体刚度较低，导致其抗震性能和耐久性相对较弱。在跨径较大或地质条件复杂的场地，简支梁桥的应用受到限制。

连续梁桥：连续梁桥与简支梁桥不同，它的梁体在支点处相互连接，形成连续结构。连续梁桥的优点在于其结构连续性较好，能有效减小支点处的弯矩和剪力，增加了桥梁的整体刚度和稳定性。这类桥梁适用于中等跨径的市政桥梁，特别是在多跨桥梁中优势明显。由于其受力较为均匀，连续梁桥具有更好的抗震性能和使用寿命，但施工复杂度相对较高，造价也较简支梁桥有所增加。

悬臂梁桥：悬臂梁桥是通过桥梁的一部分梁体悬臂延伸到支点外的结构形式。这类桥梁多用于特殊地形的市政桥梁，如需要跨越深谷或悬崖时。悬臂梁桥的施工要求较高，需要良好的技术支撑和施工控制。其主要优点是无需临时支架，适合于水面或地势险峻的施工场地。悬臂梁桥的施工周期较长，施工难度大，因此适用于特殊需求的工程。

（二）拱式桥的类型与选择

拱式桥具有良好的承载性能和结构稳定性，广泛应用于跨越河流、峡谷

等自然障碍物的市政桥梁中。由于拱式结构能将竖向荷载转化为水平推力，减少了对桥梁下部结构的要求，因此在某些地质条件复杂的场地具有显著优势。

混凝土拱桥：混凝土拱桥以钢筋混凝土或预应力混凝土为主要材料，其拱形结构通过自身的刚度和抗压性能来承受荷载。混凝土拱桥适用于中小跨径的市政桥梁，具有较好的耐久性和抗腐蚀性能。混凝土拱桥通常施工周期较长，施工工艺要求较高，尤其是拱肋的模板支撑和浇筑工序复杂。该类桥梁多用于具有较长使用年限要求和较高美观要求的桥梁设计。

钢拱桥：钢拱桥由于钢材的高强度和良好的延性，适用于大跨度的市政桥梁。其施工周期相对较短，且钢材具有较好的抗震性能。钢拱桥的主要优势在于结构轻盈，可设计为更加优美的外观，因而常用于城市中的标志性桥梁。钢拱桥的造价相对较高，且需要定期进行防腐维护，适合于重视桥梁美观性和大跨径的市政工程项目。

下承式拱桥：下承式拱桥是一种常见的拱桥形式，拱肋位于桥面之下，桥面通过吊杆或支柱连接在拱肋上。下承式拱桥的主要优点是拱肋承载主荷载，而桥面可以设计得较为轻便，适用于跨越宽阔水域或峡谷的桥梁。该类桥梁的施工较为复杂，通常需要大规模的临时支撑结构，适用于跨度较大的市政桥梁项目。

（三）斜拉桥的类型与选择

斜拉桥是一种新型桥梁结构，其桥面通过拉索直接悬挂在主塔上，具有高效的受力特性，适用于大跨度桥梁。斜拉桥的施工技术要求较高，但其跨径能力和结构美观性使其在市政工程中备受青睐。

扇形斜拉桥：扇形斜拉桥的拉索呈扇形分布，从桥塔顶部均匀向桥面各处分布。这种拉索布置方式可以有效地分散桥面荷载，减少拉索受力不均的情况。扇形斜拉桥适合于大跨度桥梁，尤其在需要较高抗风性能的场合表现优异。这种桥型的施工难度较大，需严格控制拉索张拉和桥面铺设的工艺，适用于景观性和跨越性要求较高的市政桥梁。

平行斜拉桥：平行斜拉桥的拉索平行排列，桥塔上各点通过平行拉索与桥面相连。这种布置方式使拉索的受力较为均匀，便于施工和维护，适合中大跨径的桥梁设计。平行斜拉桥的结构形式简洁明了，视觉效果优雅，广泛应用于城市中的重要交通枢纽或标志性桥梁。

（四）悬索桥的类型与选择

悬索桥是适合超大跨度桥梁的结构类型，桥面悬挂在两条主缆上，并通过吊杆与主缆连接。悬索桥的设计和施工要求极高，但其跨径能力和柔性结构使其成为大跨度市政桥梁的首选。

单跨悬索桥：单跨悬索桥是最常见的悬索桥形式，通常用于跨越较大的河流或峡谷。其主要优点在于能够有效应对较大的跨度和荷载，同时由于桥梁结构的柔性，具有良好的抗震性能。单跨悬索桥的施工周期较长，造价较高，适用于大型市政桥梁工程。

多跨悬索桥：多跨悬索桥通过增加多个主塔和悬索，延长了桥梁的整体跨度，适合超长距离的桥梁设计。这类桥梁的施工难度极高，技术要求严苛，主要用于特殊地形或跨海大桥等市政项目中。

桥梁上部结构的类型选择是市政桥梁设计中的关键环节，梁式桥、拱式桥、斜拉桥和悬索桥各自具有不同的适用条件和特点。在实际工程中，设计者需要根据具体的地理条件、荷载要求、施工难度以及经济性等多方面因素进行合理的结构选型。不同类型的上部结构具有不同的施工技术要求和维护方式，因此在规划设计阶段应充分考虑工程的实际需求，以确保桥梁设计的功能性、安全性和经济性。

二、桥梁下部结构与基础的类型与选择

桥梁下部结构和基础是桥梁设计中的重要组成部分，承载着上部结构的重量以及交通荷载，并将这些荷载传递到地基中。下部结构的类型与选择不仅决定了桥梁的整体稳定性和安全性，还影响着施工工艺和造价。合理的下部结构设计需要综合考虑桥梁的地质条件、水文环境、荷载情况以及桥梁的

功能需求①。在实际设计中，不同的下部结构类型适应不同的施工环境和工程要求，设计者必须根据具体情况选择合适的方案，以确保桥梁的使用寿命和经济效益。

（一）桥墩的类型与选择

桥墩作为桥梁下部结构的重要组成部分，主要功能是支撑上部结构并将荷载传递到基础上。桥墩的设计不仅要考虑结构的承载能力，还需满足水文条件、地质条件以及桥梁跨度的要求。常见的桥墩类型包括实心墩、空心墩、柱式墩和桁架墩等，不同类型的桥墩具有不同的优缺点，设计时需结合实际情况进行选择。

实心墩

实心墩通常采用钢筋混凝土或石材修建，内部为实心结构，具有很高的抗压强度。实心墩的主要优点在于结构简单、受力均匀、施工便捷，适用于中小跨径桥梁。由于实心墩自重大、体积大，在地质条件良好、基础承载力高的情况下应用较为广泛。实心墩通常用于交通流量大、桥梁荷载较重的市政桥梁中，如城市主干道桥梁等。

空心墩

空心墩与实心墩相似，但其内部为空腔，减轻了自重，减少了对地基的压强。空心墩在满足承载要求的同时，具有较好的经济性，材料使用量少，造价相对较低。空心墩主要用于中大型桥梁，特别是在桥梁跨度较大时，减轻结构重量显得尤为重要。空心墩的施工工艺较复杂，对施工控制要求较高，通常适用于地基承载力较低或土质较软的桥梁建设。

柱式墩

柱式墩由若干个独立的柱体组成，每个柱体通过承台与基础连接。柱式墩的特点是墩体轻盈，透水性好，适合于水文条件复杂或桥下有较大通行空间要求的场景。柱式墩广泛应用于河流或跨水桥梁中，减少了水流对墩体的冲击力，同时对环境的影响较小。柱式墩的设计应根据桥梁的跨度和荷载分

---

① 林玉琳. 市政路桥设计中的安全性和耐久性探析 [J]. 江西建材，2020，（08）：57＋59.

布进行精确计算，确保各柱体的受力均匀。

桁架墩

桁架墩采用桁架结构进行墩体设计，其主要特点是承载力强且节约材料。桁架墩常用于大跨度桥梁，尤其是桥梁需要较高的抗风性能和抗震性能时。桁架墩的透水性好，减小了水流对桥墩的冲击，适合在河道宽阔、水流湍急的地区使用。由于桁架墩的施工较为复杂，且维护成本较高，因此多用于特殊要求的市政桥梁项目中。

（二）桥台的类型与选择

桥台是桥梁两端的支承结构，负责连接路基和桥梁结构，承受来自桥面板和填土的荷载。桥台的类型和设计应考虑地形、地质条件、桥梁跨度以及路基类型等因素，常见的桥台类型包括重力式桥台、半重力式桥台、桩基础桥台和框架式桥台。

重力式桥台

重力式桥台依靠自身的重量来抵抗外部荷载，通常采用石砌或钢筋混凝土材料修建。重力式桥台结构简单，抗倾覆和抗滑移能力强，适用于地基条件较好、填土较高的场地。这类桥台的主要优点是造价低、施工简便，但其自重较大，对基础承载力要求较高，适用于中小跨度的市政桥梁。

半重力式桥台

半重力式桥台在结构设计上比重力式桥台更加轻巧，减少桥台的自重。其采用重力式和框架结构的组合，通过框架和承台分担部分荷载，减轻了对基础的压力。半重力式桥台适用于地基承载力较弱或基础处理较困难的场地。虽然其施工难度较高，但经济性和抗变形性能较好，适用于中等跨度的市政桥梁。

桩基础桥台

桩基础桥台是将桩基础与桥台结合，利用桩基的支撑能力，将桥台的荷载传递到深层地基。桩基础桥台特别适合软土地基或地下水位较高的场地，可以有效控制地基的沉降。桩基础桥台通常用于桥梁荷载较大或桥台填土高度较高的工程，广泛应用于高填方桥梁中。这种桥台的施工难度相对较大，成本较高，但具有良好的稳定性和长期使用性能。

框架式桥台

框架式桥台采用钢筋混凝土构成框架结构，具有较高的抗弯和抗剪能力，适合桥梁跨径较大或地形复杂的场地。框架式桥台的结构刚度较大，可以有效抵抗填土压力和交通荷载，是跨越河流或深谷桥梁的理想选择。其施工工艺复杂，成本较高，但能在复杂地质条件下提供良好的结构支撑。

（三）桥梁基础的类型与选择

桥梁基础是将桥梁荷载传递到地基的结构部分，其设计与选择对桥梁的整体安全性起着决定性作用。桥梁基础的类型根据地基条件、水文环境以及桥梁荷载的不同，常见的基础类型包括浅基础、桩基础和沉井基础等。

浅基础

浅基础适用于地基承载力较强、地质条件较好的场地。浅基础通常采用直接放置在地表或浅层土壤上的方式，施工工艺简单，造价较低。浅基础的主要优点在于施工周期短，适用于中小型桥梁的市政工程。浅基础对地基条件要求较高，适用范围较为有限，通常用于地基沉降较小且稳定性较好的桥梁项目。

桩基础

桩基础是将桥梁荷载通过桩体传递至深层地基，适合软土地基、湿地或地基承载力较差的场地。桩基础具有较高的承载力和抗沉降能力，广泛应用于大型桥梁工程中。常见的桩基础类型包括预制桩、灌注桩和钢管桩等，设计者需根据地质勘察数据选择合适的桩型。桩基础的施工周期较长，造价相对较高，但在复杂地质条件下具有显著优势。

沉井基础

沉井基础是一种适用于水中或地质条件复杂场地的基础类型，其施工方法是将沉井沉入地下，直至达到稳定的地层。沉井基础的承载能力高，特别适用于水下基础施工，如跨河或海上桥梁。沉井基础的施工要求较高，涉及水下作业和沉井下沉控制技术，适合大跨度桥梁或特殊环境下的市政桥梁工程。

表 4—1　　　　　　　　　　桥梁下部结构与基础的类型

类型	名称	适用场景
桥墩	实心墩	适用于中小跨径桥梁，地基承载力高的区域
	空心墩	适用于中大型桥梁，尤其在地基承载力较低的场地
	柱式墩	适合水文条件复杂或桥下通行要求较高的桥梁
	桁架墩	适用于大跨度桥梁，特别是在抗风要求高的场地
桥台	重力式桥台	适用于地基条件较好，填土较高的场地
	半重力式桥台	适用于地基承载力较低或基础处理较困难的场地
	桩基础桥台	适用于软土地基、地下水位高或填土高度大的桥梁
	框架式桥台	适合跨越河流或地形复杂的场地，结构刚度较大
基础	浅基础	适用于地质条件良好的中小型桥梁，造价较低
	桩基础	适用于地质条件复杂或软土地基的大型桥梁
	沉井基础	适用于水下基础施工，跨河或跨海桥梁

桥梁下部结构与基础的设计和选择是桥梁总体规划中的关键环节，其设计需根据地质条件、荷载要求以及施工环境进行合理的技术分析。桥墩、桥台和基础各自具有不同的类型和特点，适应不同的桥梁结构形式和地质条件。设计者在进行下部结构设计时，充分考虑桥梁的安全性、经济性和施工难度，确保桥梁在使用过程中具有足够的稳定性和耐久性。

三、桥梁附属设施的设计要求与功能

桥梁附属设施是桥梁结构中不可或缺的一部分，其作用不仅限于提高桥梁的安全性与功能性，还在交通管理、行车舒适度以及维护管理等方面起到了关键作用。合理的桥梁附属设施设计应结合桥梁的具体功能需求和环境条件，确保设施的耐久性、安全性和便利性。常见的桥梁附属设施包括护栏、防撞设施、排水系统、照明系统、伸缩缝等，这些设施的设计要求直接关系到桥梁的使用效能和安全性能。

（一）护栏与防撞设施的设计要求与功能

桥梁护栏和防撞设施是保障桥梁安全性的重要部分，主要作用是防止车

辆和行人因意外脱离桥面，确保行车和行人的安全。这些设施的设计不仅要满足规范要求，还需根据桥梁的具体情况，如交通流量、桥面宽度等因素，综合考虑美观、耐久性和经济性。

护栏的设计要求

桥梁护栏的主要功能是阻挡车辆或行人越出桥梁边缘，护栏的高度、强度和外形设计需符合国家或地方相关标准，如《公路交通安全设施设计规范》等。在市政桥梁中，护栏的类型主要包括机动车护栏、非机动车护栏和行人护栏。机动车护栏通常要求具有较高的强度，以抵抗车辆的冲击力，并应考虑耐候性和防腐性能，确保在长期使用中不易损坏。非机动车护栏和行人护栏则更注重安全性和美观性，通常采用较高的护栏高度，防止行人意外跌落桥下。

防撞设施的设计要求

防撞设施是为了保护桥梁结构免受船舶或车辆撞击而设置的附属设施，特别是在跨越河流或港口的桥梁中尤为重要。防撞设施的设计需根据桥梁所在的交通环境和水文条件进行针对性设计，如跨江、跨河的桥梁，需设置船舶防撞系统。防撞设施的选材需考虑其耐撞性、耐久性和抗腐蚀性能，通常采用钢材或混凝土结构，并结合防撞桩、缓冲垫等辅助措施，确保设施在发生碰撞时能有效吸收冲击力，减小对桥墩或桥梁主体的损害。

（二）排水系统的设计要求与功能

桥梁排水系统是确保桥梁在使用过程中保持良好通行条件的关键设施，其功能是迅速排除桥面雨水，防止积水对桥梁结构产生不利影响。排水系统的设计需根据桥梁的坡度、长度和降雨情况进行合理布局，确保雨水能够快速排放。

桥面排水系统设计

桥面排水系统通常由桥面坡度、泄水口和排水管道组成。桥面坡度的设计需确保雨水能够快速流向泄水口，避免出现桥面积水现象，通常设置纵向和横向的坡度。在泄水口设计中，需确保泄水口间距合理，能够覆盖整个桥面，并结合桥梁所在区域的降雨强度，确保泄水口尺寸适当，能够快速排水。排水管道应确保顺畅排水，避免堵塞，通常使用耐腐蚀材料，如塑料或金属管道。

防水层与排水沟设计

为防止雨水渗入桥梁结构，对桥梁的耐久性产生不利影响，桥面通常需要设置防水层。防水层材料需具有较强的耐候性和抗老化性能，能够在长期使用中保持良好的防水性能。桥梁下部结构和桥台附近需设置排水沟，确保雨水能够顺利排出桥梁区域，避免对桥基或桥台产生冲刷作用。排水沟的设计需与地形结合，确保排水系统的整体连贯性。

（三）伸缩缝与支座的设计要求与功能

伸缩缝和支座是桥梁结构中至关重要的附属设施，主要用于应对桥梁在温度变化或荷载作用下的位移、变形，防止结构出现应力集中或裂缝，保证桥梁的正常使用。

伸缩缝的设计要求

伸缩缝的主要功能是吸收桥梁由于温度变化或其他外力引起的伸缩变形，防止桥梁结构因温差而发生开裂。伸缩缝的设计应根据桥梁的长度、材料特性和气候条件进行选择，常见的伸缩缝类型包括橡胶伸缩缝、钢制伸缩缝等。设计时需确保伸缩缝具有良好的防水性能，避免雨水通过伸缩缝渗入桥梁结构内部。伸缩缝还应具备足够的强度和耐久性，能够承受车辆反复通过时的冲击力和振动。

支座的设计要求

支座是桥梁结构中的重要构件，其主要功能是将上部结构的荷载传递到下部结构，并允许上部结构在温度变化或交通荷载作用下产生适量的位移和转动。支座的设计需根据桥梁的类型、跨度和荷载情况进行选择，常见的支座类型包括固定支座、活动支座、滑动支座等。支座设计应满足承载力要求，能够承受桥梁结构的自重和交通荷载，同时还应具备良好的抗震性能，防止在地震作用下支座失效。

（四）照明系统与标志设施的设计要求与功能

桥梁的照明系统和标志设施不仅在美观上为桥梁增添了视觉效果，还在确保行车安全、提供必要的交通信息方面发挥着重要作用。尤其是城市桥梁和大型交通枢纽桥梁，照明系统和标志设施的设计尤为关键。

照明系统的设计要求

桥梁的照明系统主要作用是确保夜间行车的安全和方便，同时也起到一定的美化桥梁的作用。照明设计需充分考虑桥梁的结构形式、功能需求以及周边环境，选择适当的照明方式和光源。一般采用 LED 灯具作为主要光源，具有节能、环保、耐久性强等特点。照明系应合理布局，避免出现照明盲区，同时防止光污染对周边居民或环境造成不良影响。特殊的桥梁，如跨江大桥或景观桥梁，还需结合灯光秀等设计，增强视觉效果。

交通标志与标线设计要求

交通标志和标线是保障桥梁安全通行的重要设施，尤其在大流量的市政桥梁中，合理的标志标线设计可以有效引导交通，减少事故发生。标志应设置在显眼的位置，确保司机和行人能够在桥梁入口、出口和行驶过程中清晰看到，标线则需根据道路等级、桥面宽度等进行合理划定。标志材料应具备耐候性，能够长时间保持清晰度。

桥梁附属设施的设计是桥梁工程中不可忽视的部分，它不仅直接影响到桥梁的功能性和安全性，还在提高桥梁的使用寿命和维护便利性方面起到重要作用。护栏、防撞设施、排水系统、伸缩缝、支座以及照明系统等附属设施的设计要求需要结合桥梁的具体情况进行，确保设施具有良好的耐久性和实用性。在实际工程中，设计者根据桥梁的类型、规模、使用环境等因素，合理选择附属设施的类型和配置，确保桥梁能够在设计使用年限内保持良好的功能和安全性能。

第五章　市政道路施工

第一节　路基排水及防护工程施工

一、路基排水设施施工方法与技巧

路基排水设施是市政道路施工中的重要组成部分，排水设计与施工的质量直接影响到道路的耐久性与使用寿命[①]。合理的路基排水设施不仅能够防止雨水渗入路基，减轻路基土体的浸水饱和程度，还能避免道路面层因积水而产生损坏。排水设施的施工方法和技巧应根据路基的地形、地质条件以及气候特点来制定，以确保其有效性和稳定性。

（一）路基排水沟的施工方法与技巧

路基排水沟是最常见的排水设施之一，其主要功能是收集并引导地表水，防止水分渗入路基或对道路边坡造成冲刷。排水沟的施工需要精确的设计和高效的施工技巧，以确保排水顺畅且结构稳定。

排水沟的设计与布置

排水沟的设计应依据道路的地形和水文条件进行，通常沿着道路两侧设置明沟或暗沟，确保雨水能够及时收集并排出路基区域。排水沟的坡度设计至关重要，通常要求排水沟具有足够的纵坡（一般在 0.3% 至 0.5% 之间），以确保水流能够自然排出而不出现倒流或积水现象。排水沟的横断面尺寸需

---

① 韩富强. 市政路桥加固与改造设计要点 [J]. 工程技术研究，2020，5（13）：222－223.

根据降水量和排水量进行精确计算，确保排水沟能够承受极端天气下的排水需求。

排水沟的开挖与施工

排水沟的开挖是施工的第一步，施工时需确保沟槽的尺寸符合设计要求，边坡应进行加固处理，以防止沟壁坍塌。在沟底铺设时，常采用碎石或砂砾材料，以增强排水效果，并防止排水沟内积水导致泥沙沉积。在特殊地质条件下，如土壤含水量较高或土质较差的区域，排水沟底部还应铺设防水层或防渗膜，以避免水分渗入到路基。

排水沟的衬砌与防护

排水沟施工过程中，沟壁的稳定性至关重要。为防止排水沟受到冲刷或堵塞，沟壁一般需要进行衬砌处理。常见的衬砌材料包括混凝土、石材或预制块等。混凝土衬砌适用于永久性排水设施，其强度高、耐久性好，但施工周期较长；而石材衬砌则多用于临时性或中小型排水沟，具有施工简便、成本较低的特点。无论采用何种材料，都应确保沟壁的衬砌牢固，防止在雨季或洪水期排水沟受损。

排水沟的维护与管理

排水沟的施工完成后，还需定期进行维护和清理，以保证其长期排水效果。定期清除排水沟内的泥沙、树叶等杂物，避免排水沟堵塞。还应定期检查沟壁的衬砌情况，及时修补因水流冲刷或其他外力破坏而造成的损坏，确保排水设施的持续有效性。

（二）暗管排水施工方法与技巧

暗管排水系统是用于地下排水的设施，主要功能是将地下水引导至排水沟或排水管道中，防止地下水位上升对路基造成浸泡或破坏。暗管排水系统在路基排水中发挥着重要作用，特别适用于地下水丰富、土质较软的地区。

暗管排水的设计与布置

暗管排水系统的设计需根据地下水位的分布情况进行，通常采用渗水管道与集水井相结合的方式排除地下水。暗管的布置应确保覆盖到路基下方的主要区域，并在低洼处设置集水井，以便集中收集地下水。管道的材质一般采用具有较强渗透性和抗腐蚀性的塑料或陶土管，确保长期使用不易堵塞或损坏。

暗管排水的施工技术要点

暗管排水施工时，需要开挖管道槽。管道槽的宽度和深度应严格按照设计图纸要求进行，通常管底需要铺设一层碎石或砂垫层，以增强排水效果并保护管道。在铺设暗管时，管道的连接应保证密封性，同时在管道周围填充透水性较好的材料，如砂砾或碎石，形成过滤层，防止泥沙进入管道并造成堵塞。

暗管排水的安装与排水口设置

在暗管安装过程中，管道的坡度设计尤为重要，通常要求暗管具有一定的坡度（约 0.5% 至 1%），以确保地下水能够顺利排出。暗管排水系统的末端应与排水沟或其他排水设施相连，形成完整的排水系统。排水口的设置需确保排水顺畅，同时避免外界水流倒灌进入暗管系统。

暗管排水的维护管理

暗管排水系统由于位于地下，日常维护难度较大，在施工时需特别注意管道的耐久性和防堵塞设计。定期检查集水井和排水口的工作状况，及时清理进入管道的泥沙和杂物，确保排水系统长期稳定运行。

（三）渗水井的施工方法与技巧

渗水井是通过井壁渗透水分、收集地表水并排入地下水层的设施，主要用于调节地下水位，减少地表径流的压力。渗水井常用于低洼地区或水文条件复杂的路基排水工程中，能够有效防止地面积水和地下水上升对路基造成的损害。

渗水井的设计与布置

渗水井的设计需根据地形、降水量以及地下水位情况进行。渗水井的深度和直径应确保能够充分收集地表水，并通过井壁的渗透作用将水分排入地下。通常渗水井布置在路基低洼处，结合排水沟或排水管道共同使用，以提高整体排水效率。

渗水井的施工工艺

渗水井施工时，开挖井坑，确保井底具备足够的承载力。渗水井的井壁通常采用透水性良好的材料，如砌砖、预制混凝土环或砾石等，确保水分能够顺利渗透至地下。井底则需要铺设一层砂砾或碎石，形成渗水层，提高井底的排水能力。在井口处应设置防护盖，防止杂物进入井内，堵塞渗水通道。

渗水井的施工注意事项

渗水井施工时应特别注意井壁的稳固性，防止施工后井壁坍塌或位移。为保证渗水效果，井壁材料的透水性和耐久性需符合设计要求，同时在井底与井壁连接处做好防渗处理，防止水分渗透不均。施工完成后，渗水井的排水性能应进行测试，确保其能满足设计排水量要求。

表 5—1　　　　　　　　　　路基排水设施施工方法

排水设施类型	施工方法	适用场景
排水沟	开挖沟槽，铺设碎石或砂砾，设置排水管道或进行衬砌，定期维护和清理杂物。	适用于地表排水，沿道路两侧布置，适合降雨较多、地形复杂的地区。
暗管排水	开挖管道槽，铺设透水性材料如碎石或砂垫层，确保坡度合理，管道末端连接排水沟。	用于地下水排水，适合地下水位高、土质较软的区域。
渗水井	开挖井坑，井壁采用透水材料如砌砖或混凝土环，井底铺设砂砾或碎石，安装防护盖。	适用于低洼地区或水文条件复杂的场地，调节地下水位，减少地表径流压力。

路基排水设施的施工是市政道路施工中的重要环节，其施工质量直接影响道路的使用寿命和行车安全。排水沟、暗管排水和渗水井等设施的设计与施工方法需根据具体的地形、气候和水文条件进行合理选择和布置。施工过程中，应严格遵循施工规范，确保各项排水设施的功能正常发挥，避免因排水不畅导致路基受损或道路塌陷。在实际操作中，施工人员应充分掌握排水设施的施工技巧，确保排水系统在长期使用中保持稳定和高效运行。

二、路基防护工程施工技术要点

路基防护工程是市政道路施工中的重要组成部分，其主要目的是防止路基受外界自然因素的影响而发生变形、破坏，尤其是在地质条件复杂、气候多变的地区①。路基防护措施能够有效抵御水流冲刷、风蚀、滑坡等自然灾害，保持路基的稳定性和安全性。路基防护工程不仅要求设计合理，还需要在施工过程中严格控制质量，以确保其长久的防护效果。

（一）挡土墙施工技术要点

挡土墙是路基防护工程中常见的结构形式，主要用于抵挡土体滑动、保护路基免受土壤或岩石滑坡的影响。挡土墙的设计和施工必须充分考虑地质条件、荷载要求以及排水需求，以确保其稳定性和有效性。

挡土墙的类型主要包括重力式挡土墙、悬臂式挡土墙和加筋土挡土墙等。重力式挡土墙主要依靠墙体的自重来抵挡土压力，适用于土质较好、坡度较小的场地；悬臂式挡土墙则通过钢筋混凝土构件抵抗土压力，适用于较高的路基或需要较大防护的场地；加筋土挡土墙则是通过加筋材料与土体结合，提高墙体整体的承载力和稳定性，适合软土地基或不良地质条件的地区。

挡土墙的基础是确保其整体稳定性的重要部分，基础的施工需根据墙体高度、荷载情况以及地质条件进行设计和优化。一般情况下，基础的埋深应足够大，以防止墙体受滑移或倾覆影响。在施工过程中，严格控制基础的标高和平整度，确保基础具备足够的承载能力。对于较大的挡土墙基础，施工时通常需要进行分层回填和压实处理，以保证基础的稳定性和均匀沉降。

挡土墙的墙体施工需按照设计图纸严格执行，尤其是钢筋混凝土挡土墙的施工，应确保钢筋的间距、尺寸和混凝土的浇筑质量。墙体施工时，注意墙背面的排水处理，防止水分积聚在墙背后造成水压力增加。常采用设置排水孔或排水管道的方式将墙背水分导出，保持墙体干燥。在挡土墙的施工过

---

① 韩富强. 市政路桥加固与改造设计要点［J］. 工程技术研究，2020，5（13）：222－223.

程中，随时检测墙体的稳定性，确保其在施工和使用期间不会产生不均匀沉降或裂缝。

（二）护坡施工技术要点

护坡是防止坡体发生滑坡、崩塌等灾害的关键措施，特别是在地形复杂、降水较多的地区，护坡施工的质量直接关系到道路的安全和耐久性。护坡施工通常采用植物护坡、浆砌石护坡和钢筋混凝土护坡等方式，不同的护坡形式适用于不同的地形和土质条件。

植物护坡是通过植被根系的固土能力，增强坡面的稳定性，防止土壤流失。植物护坡的施工主要包括坡面整形、土壤改良和植被种植三个步骤。需要将坡面整形成合理的坡度，以确保植被能够稳固生长并减少水流冲刷。土壤改良是通过增加肥料、改良剂等提高土壤的透水性和养分含量，确保植被的生长条件。根据不同地区的气候条件选择适宜的植被种类进行种植，常见的有草皮、灌木等。在施工过程中，需特别注意初期的水分管理，保证植被在生长初期能得到充足的水分。

浆砌石护坡是通过石块和水泥砂浆进行砌筑，形成稳定的坡面保护层，适用于水流较强或坡面较陡的区域。浆砌石护坡施工首先需要对坡面进行清理，确保无杂物和松散土层。然后按照设计要求进行石块的铺设和砌筑，砌筑时应确保石块紧密排列，且石块的规格和厚度符合设计标准。在砌筑过程中，每一层石块之间需使用水泥砂浆进行粘结，确保整体结构的稳定性。施工完毕后，还应对护坡进行表面处理，确保坡面美观且具有足够的抗冲刷能力。

钢筋混凝土护坡主要用于地质条件复杂、需要较强防护的场地，其施工过程较为复杂①。根据设计图纸进行钢筋的绑扎，确保钢筋的间距和直径符合设计要求。然后进行混凝土的浇筑和振捣，确保混凝土密实、无蜂窝麻面现象。施工完成后，需对混凝土表面进行养护，防止因温度变化或干燥过快而产生裂缝。钢筋混凝土护坡具有较强的抗滑移和抗冲刷能力，适合用于陡

---

① 梁丹. 市政路桥线形设计的应用研究［J］. 城市建筑，2020，17（14）：179－180.

坡和水流冲刷严重的地区。

（三）护栏与防护网施工技术要点

护栏和防护网是保护行车安全、防止坠物或落石危及路基安全的防护措施，通常在高边坡或临崖道路的防护工程中使用。这些设施的设计与施工需严格按照相关规范进行，以确保其在复杂环境中的防护效果。

护栏的主要功能是防止车辆冲出路基，其施工必须保证足够的强度和稳定性。护栏的基础施工应首先开挖基槽，确保基础埋深符合设计要求。基础混凝土的浇筑应确保密实，并在混凝土达到设计强度后再进行护栏的安装。在护栏立柱安装时，应确保每个立柱的垂直度和间距准确无误，并与路基的纵向坡度一致。护栏板的连接需采用高强螺栓，确保连接紧固且无松动。

防护网通常用于拦截落石或坠物，以保护路基及车辆安全。防护网的施工需要在坡顶和坡面设置锚杆或支撑杆，确保防护网的承力点稳定可靠。在安装防护网时，应根据设计要求选择合适的网片和材料，确保网孔大小、强度符合标准。防护网安装完毕后，需对整个网面进行拉紧调整，确保防护网能够有效防止坠物通过。定期检查和维护防护网，及时更换受损部分，保持防护功能的有效性。

路基防护工程是确保市政道路安全、稳定运行的关键部分，合理的防护措施可以有效抵抗自然灾害和环境因素对路基的侵蚀和破坏。在路基防护工程施工过程中，需根据不同的地质条件和环境特点，选择合适的防护形式，如挡土墙、护坡、护栏和防护网等。无论是施工技术还是施工材料的选择，都需严格遵循设计标准和规范，确保工程质量达到要求，从而有效延长道路的使用寿命并保障行车安全。在实际施工过程中，技术人员应始终坚持质量控制，确保每一个施工环节的精确度和稳定性。

三、路基排水及防护工程质量检测与评估

路基排水及防护工程在市政道路施工中至关重要，其质量直接影响道路的使用寿命和行车安全。科学的质量检测和评估是确保工程符合设计标准、排水系统顺畅、防护设施稳固的重要手段。通过一系列检测手段和评估标

准，施工单位能够及时发现潜在的工程质量问题，采取措施进行整改，从而避免后期道路运行中出现沉降、滑坡、积水等现象。

（一）路基排水工程质量检测与评估

路基排水工程是道路长期稳定运行的基础，其质量检测主要集中在排水系统的功能性和施工质量上[①]。排水系统的质量检测需要确保排水设施能有效排除路面积水、地下水，并保持结构完整性和耐久性。

排水沟的质量检测

排水沟是市政道路常见的排水设施，其质量检测应覆盖以下几个方面。排水沟的横断面尺寸、纵向坡度应符合设计要求。检测人员通过精密仪器测量排水沟的坡度，确保其具备足够的排水能力。若坡度过小，导致排水不畅，出现积水现象；坡度过大，则容易引发冲刷现象，损坏沟壁。衬砌是保护排水沟结构的重要部分，检测时需确保衬砌材料的强度和耐久性符合要求。无论是采用混凝土、石材还是预制块，衬砌的完整性是关键检测点，施工完成后不应出现裂缝或脱落现象。通过模拟降雨或注水测试排水沟的排水速度，检测其是否能在设计范围内及时排出积水，确保无淤泥、杂物堵塞排水路径。

暗管排水系统的质量检测

暗管排水系统的检测重点在于排水管道的密封性、坡度控制以及排水效率，管道的连接部位进行密封检测，防止漏水或渗水。管道接缝处确保严密，避免地下水渗透到路基中，影响路基稳定性。暗管排水系统的管道必须具备合理的坡度，确保水流能自然排出。使用精密仪器检测管道的纵向坡度，确保其符合设计要求。通过向管道注水测试排水效果，确保管道内部无堵塞现象，水流能够顺畅通过各个排水节点。

渗水井的质量检测

渗水井的检测重点在于其渗水能力和结构完整性，通过现场渗水试验，检测渗水井的排水效果。试验时应注入适量水量，检测井内水位下降的速

---

① 李海芹. 市政路桥加固改造的设计要点研究［J］. 建材与装饰，2020，（06）：254－255.

度，确保其具备足够的渗透能力。渗水井的井壁保持稳定无裂缝，检测时需确保井壁材料质量合格，耐腐蚀和抗渗透性能符合标准。井底和井壁连接处需无渗漏现象。

（二）路基防护工程质量检测与评估

路基防护工程的质量检测主要集中在挡土墙、护坡、护栏和防护网等防护结构上，确保其结构稳固，能有效抵御自然灾害对路基的破坏。

挡土墙的质量检测

挡土墙的质量检测主要涵盖墙体结构、基础稳定性及排水设施等方面。挡土墙施工完成后，需进行强度检测，确保墙体能够承受设计范围内的土压力①。通过回弹仪或其他检测仪器测量混凝土或砌体的抗压强度，确保墙体质量符合设计要求。挡土墙基础是保证其长期稳定的关键，基础沉降检测应定期进行，通过监测点观测基础沉降速率和沉降量，确保墙体未发生不均匀沉降。挡土墙背面常设排水设施，防止水压力过大导致墙体失稳。检测时需确保排水孔、排水管畅通，墙背无积水现象。

护坡工程的质量检测

护坡工程的质量检测涉及坡面的稳定性和护坡材料的牢固性。

对已施工完成的坡面进行稳定性监测，观察是否有滑动或裂缝产生。通过设置监测点，记录坡面的形变，评估其稳定情况。对于浆砌石护坡或钢筋混凝土护坡，检测材料的强度和耐久性。浆砌石护坡应保证石块和砂浆之间的结合紧密，混凝土护坡则需保证混凝土浇筑均匀、无空洞或裂缝。植物护坡主要检测植被的生长情况，确保草皮或灌木的根系能够有效固土，防止坡面发生水土流失。

护栏与防护网的质量检测

护栏与防护网的检测重点在于结构的稳固性和防护功能的有效性，护栏的立柱应保持垂直且基础稳固，通过检查基础的埋深和护栏板的连接牢固程度，确保护栏在受到撞击时不会发生倾倒或松动。防护网应保持足够的拉紧

---

① 田守伟.市政路桥加固改造的设计要点研究［J］.工程技术研究，2019，4（16）：194-195.

度，确保网面无松动或破损。定期检查防护网的支撑杆和锚固点，防止因风吹或外力影响导致防护网失效。

（三）质量检测方法与技术要求

目测法：通过目视检查施工完成的排水设施和防护结构，观察外观质量是否符合要求，如是否存在裂缝、破损、沉降等问题。目测法可作为初步检测手段，便于快速发现施工中的明显缺陷。

测量法：测量法包括使用精密仪器对排水沟的坡度、暗管的纵坡、挡土墙的沉降量等进行检测。测量法能够提供精确的数据，帮助工程技术人员及时发现潜在的施工质量问题。

加载试验：在挡土墙和护栏等承载结构的检测中，加载试验是常用的检测方法之一。通过施加荷载，观测结构的变形和承载能力，评估其能否达到设计要求。

水压试验与渗透试验：对于排水系统和渗水井，水压试验与渗透试验能够有效检测其排水能力和渗透效果。通过向管道或井内注水，检测其排水速度和系统的密封性。

路基排水及防护工程质量检测与评估是确保市政道路施工质量达标的重要环节，无论是排水设施还是防护工程，检测过程都需全面、细致，并结合多种检测手段进行。通过严格的质量检测和评估，及时发现施工中的问题，确保工程质量符合设计标准，为市政道路的长期使用提供有力保障。

第二节 路面基层（底基层）施工

一、路面基层施工工艺流程

路面基层是市政道路结构中承载上层路面的重要部分，具有分散荷载、提高路面结构强度和耐久性的作用。基层施工质量直接影响到路面的平整度、使用寿命和行车安全，因此在施工过程中必须严格按照规范要求进行。路面基层施工工艺流程涵盖了从施工准备、材料处理、基层铺设到质量控制的多个环节，每一环节都需要精细化操作。

（一）施工准备

施工准备是确保路面基层施工顺利进行的关键步骤，涵盖了施工场地的清理、材料准备以及机械设备的调配和检测等方面。施工准备的充分性直接影响到后续工艺的效率和质量。

施工场地的清理与平整

在进行路面基层施工前，施工场地必须进行全面清理，确保路基表面无杂物、积水等影响施工的因素。施工人员需要使用机械设备或人工对施工区域进行平整，特别是对局部低洼或高出设计标高的部分进行处理，确保路基表面保持平整、坚实。场地清理结束后，还需进行排水设施的检查和完善，防止施工期间雨水积聚影响基层施工。

材料的准备与检验

路面基层的施工材料主要包括碎石、石灰稳定土、水泥稳定土等。在正式铺设基层之前，需对这些材料进行检验，确保其符合设计规范中的技术要求。材料的颗粒级配、含水量和压实度是关键检测指标，应通过试验段铺设等方式进行实际测试，确保材料在使用过程中能够达到预期的效果。根据材料的不同，需合理堆放并做好防雨防潮措施，保证施工过程中材料的质量稳定性。

施工机械的调配与检查

路面基层施工需要用到大量的机械设备，如平地机、压路机、摊铺机等。在施工前，需对这些机械设备进行全面检查，确保设备的工作状态良好，并根据施工场地的条件合理调配机械。在正式施工前，还需进行试运行，以确保设备能够正常高效运转，避免施工过程中设备故障影响进度。

（二）基层的铺设与摊铺

路面基层的铺设和摊铺是施工的核心环节，涵盖了材料的铺设、整平以及初步压实等工序，确保基层的均匀铺设和精准控制铺设厚度是本阶段的关键目标。

材料的均匀摊铺

路面基层的材料铺设应尽量均匀，避免出现局部堆积或缺料现象。常用的机械设备为摊铺机，通过自动化设备控制摊铺的厚度和宽度，确保材料铺设的均匀性。在摊铺过程中，施工人员应根据设计标高和坡度进行严格控制，避免材料厚度不足或超出设计要求，影响路面基层的整体平整度和质量。

基层的整平与初步压实

材料摊铺完成后，施工人员应立即使用平地机对基层表面进行整平，确保基层厚度均匀，表面无波浪起伏等现象。在整平的同时，还需进行初步压实，通常使用轻型压路机进行初步压实。初压的目的是将松散的材料初步密实，为后续的全面压实提供良好的基础。初压过程中需注意速度和压实遍数的控制，确保每个区域都能够均匀受压，不出现过压或漏压的情况。

（三）基层的压实与成型

压实是确保路面基层具备足够承载能力的关键步骤，压实的均匀性和密实度直接关系到路面的质量。施工中，需根据设计要求和实际工况合理选择压实设备和工艺，确保基层的压实效果。

对于较厚的基层，通常采用分层压实的方式，即将基层分为若干层进行逐层压实。每一层的厚度应根据材料类型和压实机械的能力来确定，通常控制在 15cm 至 20cm 之间。压实时使用的机械设备应根据基层材料的性质进行选择，如采用振动压路机或重型压路机进行振动或静压。每一层的压实度需通过现场检测进行实时监控，确保其压实密度符合设计要求。

压实的遍数直接影响基层的密实度，施工过程中，根据现场的实际情况和材料特性合理确定压实遍数，确保基层的密度达到规范要求。通常情况下，压路机应按照"先轻后重、先慢后快"的方式逐步提高压实效果。压实过程中应防止过度压实，导致材料结构破坏。施工时还应注意压路机的行进方向和轮迹的重叠，确保整个路基面均匀受压。

（四）基层的检测与养护

施工完成后的基层需要经过严格的质量检测，确保其各项技术指标符合设计要求。基层施工完成后，养护也是关键环节，特别是在天气条件不利的情况下，需采取有效的养护措施，防止基层结构受损。

基层压实完成后，对其密实度和厚度进行检测。密实度的检测通常采用灌砂法、环刀法等方式，确保基层的压实度达到设计标准。对于厚度的检测，通过钻孔取样等手段进行，确保铺设厚度均匀、无超标或不足的现象。检测过程中，若发现某些区域压实度或厚度不符合要求，及时采取措施进行补救，如进行补压或补料处理。基层的平整度是影响路面整体质量的重要指标，检测时通常采用3米直尺或平整度仪进行测量，确保路面无明显的凹凸现象。检测完成后，若发现平整度不符合要求，需及时进行局部修整，确保后续路面铺装的质量。

基层施工完成后，特别是在湿热或干燥的天气条件下，基层容易出现开裂、失水等现象，因此需及时进行养护。养护措施通常包括洒水保湿、防尘措施等，保持基层表面湿润，防止出现干缩裂缝。对于水泥稳定土基层，养护时还需避免水分过多，以免导致材料强度下降或基层变形。养护时间一般为7至14天，期间应避免重载车辆通行，以保护基层结构的完整性。

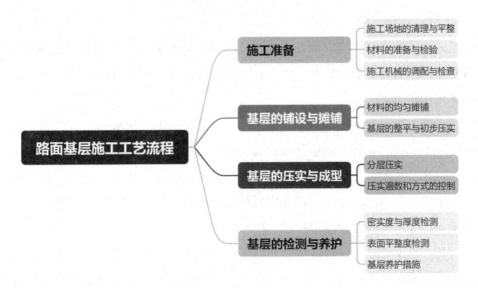

图5-1　路面基层施工工艺流程

路面基层施工工艺流程是市政道路施工中的关键环节之一，从施工准备到材料铺设、压实成型，再到最终的质量检测和养护，每一步都需严格按照设计规范和施工标准进行。通过合理的工艺流程控制和技术手段，确保路面基层具备足够的承载能力、平整度和耐久性，从而为后续路面结构的铺设奠定坚实基础。在实际施工过程中，技术人员应加强现场管理和质量控制，确保每一道工序的施工质量符合要求，确保道路的长期使用效果。

二、路面底基层处理技术

路面底基层是市政道路结构的重要组成部分，位于基层和路基之间，起到承载基层荷载、提高路基整体稳定性以及防止水分渗透的作用。底基层的处理技术直接关系到道路的耐久性和使用寿命，因此在施工过程中，必须对底基层进行合理的设计和施工，确保其具备良好的力学性能和排水性能。

（一）底基层材料的选择与处理技术

底基层材料的选择是施工中至关重要的环节，通常根据不同的道路类型、交通荷载和地基条件，选用适宜的材料以确保底基层具备足够的承载能力和抗水性。

天然砂砾材料的处理技术

天然砂砾材料因其成本低、施工简便而广泛应用于市政道路的底基层，天然砂砾材料具有良好的排水性和抗压性，适合用于降雨较多、地下水位较高的地区。

在施工中，对砂砾材料进行筛分，确保材料的颗粒级配合理，砂砾中细料含量不应过多，以免影响排水性能。将材料按设计要求进行铺设，并使用压路机进行压实，确保其密实度达到规范要求。施工过程中，还应注意材料的含水量控制，过干或过湿都会影响压实效果。

石灰稳定土底基层处理技术

石灰稳定土是一种通过将石灰与土混合后进行固化处理的材料，具有较高的强度和耐久性，适用于地基条件较差的地区。石灰与土的化学反应可以显著提高土体的承载力和抗水性。在施工中，将土和石灰按设计比例进行均匀拌和，确保混合物中的石灰与土完全反应；将混合料铺设在路基上，摊铺厚度应符合设计要求；使用压路机对混合料进行压实，确保压实度达到设计规范。在施工过程中，注意天气条件，石灰稳定土对水分敏感，施工期间应避免过量降雨或干燥气候对施工质量的影响。

水泥稳定碎石底基层处理技术

水泥稳定碎石具有较高的强度和耐久性，广泛应用于承载能力要求较高的市政道路。水泥与碎石的混合可以有效提高底基层的强度，同时具备良好的抗水性和抗冻性。施工时，将碎石按设计比例与水泥混合均匀，铺设厚度应根据设计要求确定。水泥稳定碎石材料需要在搅拌后迅速摊铺，以避免水泥固化过早导致施工困难；摊铺后，使用压路机进行分层压实，压实完成后需对表面进行洒水养护，防止水泥固化过程中水分蒸发过快，影响材料的强度。

表 5—2 路面底基层处理技术

底基层材料类型	主要性能特点
天然砂砾	具有良好的排水性和抗压性，适用于地下水位较高的地区
石灰稳定土	通过化学反应提高土体的强度和抗水性，适合地基条件较差的地区
水泥稳定碎石	强度高，抗水性和耐久性好，适用于承载能力要求较高的路段

（二）底基层施工技术要点

在施工中，底基层的处理技术不仅包括材料选择，还涉及施工方法和质量控制。

底基层的分层施工技术

底基层施工通常采用分层施工的方式，特别是当底基层厚度较大时。分层施工有助于提高压实效果，确保底基层的密实度。每一层的厚度通常控制在 15cm 至 20cm 之间，根据材料的类型和压实机械选择适当的压实方式。在分层施工中，需确保每层的材料铺设均匀，避免局部过厚或过薄影响压实效果。每一层铺设完成后应进行全面压实，确保密实度符合设计要求。若某一层未达到压实标准，应进行补压或返工处理，以保证整个底基层的质量。

底基层的压实技术

压实是确保底基层具备足够承载能力的关键步骤，施工中根据底基层材料的类型选择适当的压实设备，如振动压路机、静压压路机等。压实时根据现场条件和材料特性合理选择压实遍数和速度，确保压实度达到设计标准。压实过程中，注意轮迹的重叠与行进方向，避免出现局部漏压或过度压实的情况；施工中还需实时监测压实密度，使用灌砂法或环刀法等检测工具确保密度符合规范要求。

防止水分过多或不足的控制技术

底基层施工时，材料的含水量是影响施工质量的重要因素。过多的水分会降低材料的承载力，过少的水分则会影响压实效果。施工过程中，严格控制材料的含水量，特别是在多雨季节，需采取防护措施避免雨水侵入施工现场，影响底基层质量。在干燥季节或材料含水量不足时，适量洒水，确保材料的含水量达到最佳状态。同时施工结束后，及时进行养护，保持底基层表面的湿润，避免因干燥而产生裂缝。

（三）底基层质量检测与验收标准

施工完成后，对底基层的质量检测是确保道路施工质量达标的重要环节。底基层的检测内容包括密实度、厚度和平整度等方面，需根据设计标准进行全面验收。

密实度检测

密实度是反映底基层承载力的重要指标，通常采用灌砂法、环刀法等进行现场检测，确保底基层的压实度达到设计规范中的要求。密实度检测应在多个点位进行抽样检测，确保整体路面底基层的压实度均匀。若检测结果不符合标准，需及时采取措施进行补压处理。

厚度检测

底基层的厚度是影响路面结构承载力的另一关键因素，检测时通常采用钻孔或挖坑的方法，确保底基层的厚度符合设计要求。若局部区域厚度不足或超出设计标准，根据具体情况进行处理，确保路面结构的均匀性和稳定性。

平整度检测

底基层的平整度直接影响后续路面铺装的质量，检测时通常采用 3 米直尺或平整度仪进行现场检测，确保底基层表面无明显的凹凸不平现象。若发现平整度不符合标准，需进行局部修整或重新摊铺处理。

路面底基层的处理技术是市政道路施工中的重要组成部分，其施工质量直接影响道路的耐久性和承载能力。从材料的选择到施工工艺的控制，再到最终的质量检测，每一环节都需严格按照设计规范和施工标准执行。通过科学合理的底基层处理技术，确保道路具备良好的承载能力和耐久性，从而延长道路的使用寿命。在实际施工过程中，技术人员需密切关注施工过程中的细节，确保施工质量符合要求，最终为市政道路的长久稳定使用提供坚实保障。

第三节　沥青路面面层施工

一、沥青路面材料组成与性能要求

沥青路面因其良好的抗压性、耐久性和较好的行车舒适性，广泛应用于市政道路工程中。沥青路面施工质量直接影响道路的使用寿命和行车安全。要确保沥青路面的高质量施工，首先必须了解其材料组成和性能要求。沥青路面由多种材料混合而成，其中每种材料的性能对路面最终的力学性能、稳定性、抗疲劳性等起着决定性作用。

（一）沥青材料的组成与作用

沥青是沥青路面最核心的材料之一，作为粘结剂，它将矿料结合在一起，起到增强路面结构稳定性和抗水性的重要作用。沥青的选择与性能直接影响路面的耐久性和抗变形能力。

石油沥青是沥青路面中应用最广泛的类型，通常由原油通过蒸馏和裂解工艺制成。石油沥青具有较强的粘结性、抗水性和耐久性，因此在市政道路施工中常被用作粘结剂。石油沥青根据其针入度、延度和软化点分为不同等级，施工时需根据气候条件和交通荷载选择合适的等级。一般而言，针入度较小的沥青具有较强的耐高温能力，适用于高温地区；针入度较大的沥青则较柔软，适合寒冷地区，以防止路面在低温下开裂。

改性沥青是在普通石油沥青的基础上添加改性剂，如橡胶、聚合物等，以提高其抗高温、抗低温性能和抗疲劳性。改性沥青在抗车辙、抗裂纹以及提升沥青混合料的耐久性方面具有显著优势，尤其适合在交通荷载较重或环境条件较恶劣的路段使用。在改性沥青的选择中，需结合路段的具体功能需求和环境特点。在车流密集且车速较高的路段，改性沥青可以有效减少车辙的发生，提高路面的使用寿命。

（二）集料的组成与性能要求

集料是沥青混合料的主要成分之一，起到骨架作用，承受并分散车轮荷载。集料的性质直接影响到路面的抗压、抗滑及耐久性，因此集料的选择和配比至关重要。

粗集料

粗集料通常是指粒径大于 4.75 毫米的碎石或砾石，主要用于形成沥青路面的骨架结构。粗集料的质量直接影响路面的承载能力和抗变形能力。高质量的粗集料应具备较高的抗压强度、耐磨性和抗风化性能。施工中，粗集料的形状、粒径级配和清洁度是重要的性能指标。理想的粗集料应具备棱角分明的形状，确保与其他材料良好嵌锁，从而增强路面的稳定性。粒径级配应符合设计要求，避免因级配不当导致路面压实度不足或过度压实。集料表面无灰尘、泥土等杂质，以保证集料与沥青结合良好。

细集料

细集料是指粒径小于 4.75 毫米的砂、石屑等，主要填充在粗集料之间，起到密实和增强路面强度的作用。细集料的主要性能要求包括颗粒形状、强度和含泥量。

细集料的形状应尽量接近圆形或多棱形，有助于在沥青混合料中提高填充效果。强度较高的细集料能增加路面的耐久性和抗压性能，而含泥量则应严格控制，因为过多的泥土会影响沥青与集料的粘结效果，导致路面早期损坏。

矿粉

矿粉是细集料的一种，通常由石灰石、玄武岩等经过粉碎加工制成，粒径一般小于 0.075 毫米。矿粉在沥青路面中起到填充细小空隙、增强沥青混合料的稳定性的作用。矿粉的选择应注重其细度和化学稳定性，细度较高的矿粉能够有效提高沥青混合料的密实度，减少空隙率。矿粉的含水率也应控制在合适范围内，避免过度吸水影响沥青的粘结效果。

（三）沥青混合料的组成设计与性能要求

沥青混合料是由沥青、粗集料、细集料和矿粉按一定比例混合而成，其组成设计和性能直接决定了路面的使用效果和耐久性。科学合理的混合料设计不仅能提高路面质量，还能降低施工和养护成本。

级配设计

级配设计是沥青混合料设计的核心环节，其目的是通过合理的集料比例组合，形成稳定的骨架结构和密实的内部结构。良好的级配设计可以提高路面的抗压强度、耐磨性和抗变形能力。在级配设计中，常用的方法有连续级配和间断级配。连续级配是指集料颗粒的分布较为均匀，空隙率较小，适合车流量较大的路段；而间断级配则指颗粒之间存在较多的空隙，通常用于提高路面的排水性能和抗滑能力，施工时需根据路面使用条件和功能需求选择合适的级配类型。

空隙率控制

空隙率是反映沥青混合料内部孔隙大小的重要指标，直接影响路面的抗水性和耐久性。过高的空隙率容易导致水分渗透，影响路面的稳定性；过低的空隙率则会降低路面的排水能力，导致沥青路面易产生裂缝或车辙。在沥青混合料设计中，空隙率应根据路面使用环境和承载要求进行优化控制。通常空隙率在 3% 至 5% 之间为宜，既能保证沥青的粘结效果，又能确保良好的排水性能。

水稳定性与高温稳定性

沥青路面在长期使用过程中，水分和高温是导致路面损坏的两大主要因素，沥青混合料必须具备良好的水稳定性和高温稳定性。水稳定性是指沥青混合料在水环境下保持粘结力和强度的能力，高水稳定性的沥青混合料能够有效防止水分侵入，避免路面因水损坏而产生裂缝或剥落。常用的提高水稳定性的方法包括使用改性沥青、添加抗剥落剂等，高温稳定性是指沥青混合料在高温环境下抵抗变形和车辙的能力，高温稳定性强的路面在夏季高温条件下不易软化，保持良好的结构强度和抗变形能力，减少车辙的发生。通过优化级配设计、使用改性沥青等手段，可以有效提高路面的高温稳定性。

沥青路面的材料组成与性能要求是市政道路施工中的重要技术内容，沥青、集料、矿粉等材料的选择与配比对路面的承载能力、耐久性和抗水性有着决定性影响。通过科学的级配设计、严格的空隙率控制以及增强水稳定性和高温稳定性，确保沥青路面的长期使用性能。施工过程中，技术人员应根据实际路况和使用环境，合理选择材料并严格控制施工工艺，最终达到沥青路面的预期使用效果和质量标准。

二、沥青路面面层施工工艺及方法

沥青路面面层作为市政道路的关键组成部分，其施工质量直接影响道路的使用寿命和行车舒适性。在沥青路面施工中，面层施工是最为复杂和重要的环节之一，涉及多种施工工艺与方法。为确保施工质量和效率，施工过程中应采取科学的施工方案，并严格遵循相关技术标准和规范。

（一）沥青混合料的生产与运输

沥青混合料的生产是面层施工的基础环节，其质量直接影响到路面最终的施工效果。沥青混合料的生产过程需按照设计配比，在拌和厂进行科学配制。生产过程中，严格控制加热温度、搅拌时间和混合料的均匀性，以确保混合料符合技术标准。生产完成后，混合料需在短时间内运至施工现场，运输过程中应保持混合料的温度和均匀性，防止分离和降温。运输车辆需覆盖防尘布，防止污染环境，同时在运输过程中应保持车速平稳，避免急刹车和转弯导致的混合料离析现象。

（二）摊铺施工工艺

沥青混合料运抵施工现场后，摊铺工作随即开始。摊铺施工的主要步骤包括摊铺机的就位与调整、摊铺厚度和宽度的控制、摊铺速度的确定及混合料的均匀摊铺。在摊铺过程中，摊铺机应保持平稳运行，确保混合料的均匀分布和适宜的摊铺厚度。摊铺机操作人员需实时监测摊铺效果，及时调整摊铺机的行走速度和混合料的供给量，以避免路面出现波浪、离析或不平整等质量问题；同时还应在摊铺过程中注意摊铺机的工作状态和轨迹，确保摊铺机在施工中不偏离路线。

（三）压实施工工艺

压实是沥青路面面层施工的重要环节，其目的是消除混合料中的气孔，提高路面的密实度和稳定性。压实施工应按照"初压、复压和终压"的步骤进行。初压阶段，应使用轻型压路机或胶轮压路机进行初步压实，以防止压路机过重对尚未成型的混合料造成破坏；复压阶段，需使用重型压路机进行全面压实，确保混合料的密实度达到设计要求；终压阶段，通常采用静压方式，进一步提高路面的平整度和光洁度。在压实过程中，需严格控制压实速度、温度和遍数，以防止因温度过低或压实不足导致路面出现裂缝或车辙等病害。

（四）接缝处理与质量控制

在沥青路面施工中，接缝的处理对路面整体质量有着重要影响。接缝处理不当容易形成薄弱环节，导致路面早期病害的产生。在面层摊铺过程中，需严格按照施工规范对纵横向接缝进行处理。纵缝应采用切缝机切割出垂直于路面的平直切口，并将接缝部位的松散材料清理干净；横缝则需保证新旧混合料的无缝衔接，避免出现离析现象。质量控制方面，施工过程需通过温度控制、质量抽检、压实度检测等措施确保各工序符合设计要求。施工完毕后，还需进行路面平整度、厚度、密实度等指标的全面检测，确保达到施工质量标准。

（五）养护与成品保护

沥青路面面层施工完成后，必须进行适当的养护和成品保护，以确保路面在开放交通前达到设计强度。养护工作包括控制车辆通行时间，防止早期荷载对路面造成损伤。施工单位需根据天气条件，制定合理的开放交通时间表，同时采取适当的封闭或限行措施，避免过早开放交通导致路面损坏。还应安排人员定期巡查施工路段，对局部出现的病害或缺陷及时采取修补措施，确保路面的整体质量和耐久性。

沥青路面面层施工是市政道路施工中至关重要的环节，其工艺和方法的合理选择与应用直接关系到路面质量的优劣。通过科学的施工准备、严格的混合料生产与运输、合理的摊铺和压实工艺、精细的接缝处理与质量控制，以及有效的养护措施，能够确保沥青路面面层施工达到设计要求，延长道路使用寿命，提升行车舒适性和安全性。在实际施工中，需始终贯彻标准化、精细化的施工理念，确保每一道工序的执行质量，以实现优质的市政路面建设目标。

三、沥青路面接缝处理与养护措施

在市政道路施工中，沥青路面的接缝处理和养护措施是确保路面质量和使用寿命的重要环节。接缝处理不当容易成为路面的薄弱环节，导致水分渗入、破损、裂缝等问题，影响路面整体性能。因此，在沥青路面施工中，接缝的处理需要采取科学的措施，同时养护工作也要有序进行，以保证路面长期稳定的使用状态。

（一）纵向接缝处理方法

纵向接缝是指在同一车道或相邻车道之间的接缝，其处理质量对路面整体的平整度和强度有直接影响。为了保证纵向接缝的施工质量，需采取以下措施：

接缝预处理：在施工中，对于已完成摊铺的沥青路面，应对纵向接缝处进行预处理，包括切割和清理。通过使用切缝机将接缝处不规则的边缘切割成垂直且平整的直线，以确保新旧沥青混合料的紧密结合。同时对切割后的接缝面进行清理，去除杂物和松散颗粒，保证接缝表面的干净度和粗糙度。

粘结剂涂布：在接缝面上均匀涂布适量的沥青粘结剂，以增强新旧混合料之间的粘附性。粘结剂的选择应符合设计要求，通常选用与路面相同的沥青材料。涂布过程中应确保粘结剂均匀覆盖整个接缝面，不得有漏涂或过量现象，以防止接缝处的材料剥落或变形。

新旧混合料衔接：在新沥青混合料摊铺时，紧贴已铺好的路面进行衔接施工。摊铺过程中，应保持摊铺机靠近已铺好的路面边缘，确保新旧混合料间无缝衔接。摊铺完成后，立即对接缝进行初压和复压操作，压实过程中需保持适当的温度和速度，以确保混合料的密实度和均匀性。

（二）横向接缝处理方法

横向接缝是指在施工段落的端部形成的接缝，其处理直接影响路面的整体强度和使用寿命。为确保横向接缝的施工质量，需采用以下方法：

横向切割与清理：对于横向接缝，使用切缝机沿垂直方向切割出整齐的边缘。切缝宽度应满足设计要求，以便为新旧混合料的衔接提供足够的接触面。切割完成后，对接缝面进行清理，确保表面无松散材料和杂物，以保证后续施工的粘结效果。

涂布沥青结合料：在横向接缝的切割面上均匀涂布一层薄薄的沥青结合料，以增强新旧混合料之间的粘结性和水密性。涂布时需控制沥青结合料的用量和厚度，确保结合料覆盖均匀，不得有遗漏或流淌现象。

混合料摊铺与压实：在接缝处的新混合料摊铺过程中，确保摊铺机的高度与已铺好的路面保持一致，以避免新旧混合料的厚度差异导致的不平整。在压实过程中，应注意采用轻压、重压、静压的方式逐步进行，确保横向接缝处的密实度和强度达到设计要求。对于压实过程中出现的接缝材料脱落或离析现象，应及时进行修补和整平。

（三）沥青路面接缝防水措施

沥青路面接缝处是路面最易出现水损害的部位，因此在接缝处理时必须采取有效的防水措施。具体措施包括：

使用密封材料：在接缝表面使用专用的沥青密封材料进行密封处理，形成一道防水层，防止雨水和其他液体进入接缝内部。密封材料应具有良好的耐候性、抗老化性和弹性，以适应路面的温度变化和交通荷载。

优化接缝结构设计：根据路段的交通量和气候条件，优化接缝的结构设计，采用抗裂性较好的材料或结构，以减轻接缝的变形和开裂程度，增强接缝的耐久性和防水性。

定期维护检查：在沥青路面使用过程中，定期检查接缝的密封情况，及时发现和处理接缝处的破损、剥落或裂缝，避免水分进入路基，造成路面结构损坏。

表 5—3   沥青路面接缝处理措施

措施名称	具体措施	目的与效果
纵向接缝处理	接缝预处理：切割和清理接缝处，确保边缘垂直和平整。	确保新旧混合料的紧密结合，提高路面整体强度。
	粘结剂涂布：在接缝面上均匀涂布沥青粘结剂，增强粘附性。	提高新旧材料之间的粘结力，防止材料剥落和变形。
	新旧混合料衔接：确保摊铺机靠近已铺好的路面边缘，确保无缝衔接。	防止接缝处出现离析和不平整现象，保证整体质量。
横向接缝处理	横向切割与清理：使用切缝机切割整齐边缘，清除接缝面松散材料和杂物。	确保新旧混合料的紧密衔接，提高抗拉伸强度和耐久性。
	涂布沥青结合料：均匀涂布沥青结合料，增强粘结和防水性。	防止水分渗透接缝，避免破坏路基结构。
	混合料摊铺与压实：确保摊铺高度一致，采用逐步压实方法。	保证接缝处的密实度和强度，避免出现裂缝和脱落现象。
接缝防水措施	使用密封材料：在接缝表面使用专用密封材料，形成防水层。	防止水渗入接缝内部，减少水损害。
	优化接缝结构设计：使用抗裂材料，减轻接缝变形和开裂。	增强接缝耐久性和防水性，延长使用寿命。
	定期维护检查：定期检查接缝密封情况，及时修补破损。	预防和修复潜在损坏，保持路面结构稳定。

（四）沥青路面养护措施

沥青路面的养护是确保其长期性能和使用寿命的关键环节。养护措施包括预防性养护、日常养护和修复性养护。

预防性养护：在路面使用初期，进行预防性养护，以延缓路面早期病害的产生。预防性养护措施包括涂刷防水剂、裂缝灌缝和路面喷洒雾封层等，这些措施可以有效防止水分渗透和紫外线照射对沥青的老化作用。

日常养护：日常养护是维持路面正常使用状态的基础工作，包括路面清扫、排水系统清理和小面积破损修补等。通过及时的日常养护，保持路面清洁，避免积水和杂物堆积对路面的损害。

修复性养护：当路面出现较大面积的破损或病害时，进行修复性养护。修复性养护措施包括铣刨重铺、局部铣刨修复和热再生修补等。修复性养护应根据路面病害的类型和程度选择合适的方法，并确保修复后的路面质量达到设计标准。

表 5—4　　　　　　　　　　　　沥青路面养护措施

措施名称	具体措施	目的与效果
预防性养护	涂刷防水剂、裂缝灌缝、路面喷洒雾封层等。	防止水分渗透和紫外线照射导致的老化。
日常养护	清扫路面、清理排水系统、小面积破损修补。	保持路面清洁，避免积水和杂物堆积对路面造成损害。
修复性养护	铣刨重铺、局部铣刨修复、热再生修补等。	修复较大面积破损，确保路面质量符合标准。

沥青路面接缝处理与养护是确保市政道路施工质量和延长路面使用寿命的重要环节，通过科学的纵向和横向接缝处理方法，结合有效的防水措施和定期的养护工作，可以显著提升路面的整体性能和耐久性。在实际施工和使用过程中，相关人员应严格按照施工规范和质量标准，采取适当的技术措施，确保路面的使用性能达到设计要求，从而实现市政道路的长期稳定运行。

第四节　水泥混凝土路面施工

一、水泥混凝土路面材料选择与配合比设计

在市政道路施工中，水泥混凝土路面因其较高的强度和耐久性，广泛应用于各种道路建设中。水泥混凝土路面的性能与其所使用的材料和配合比设计密切相关，合理的材料选择和配合比设计是保证路面质量和使用寿命的关键因素。材料的选择需要考虑其物理性能、经济性以及环境适应性，而配合比设计则需综合考虑混凝土的强度、耐久性和施工可操作性。

（一）水泥的选择

水泥是水泥混凝土的主要胶凝材料，其选择直接影响混凝土的强度、耐久性和施工性能。在市政道路施工中，常用的水泥类型主要包括硅酸盐水泥、普通硅酸盐水泥、矿渣硅酸盐水泥等。

硅酸盐水泥：这种水泥具有较高的早期强度和较快的凝结时间，适用于需要快速施工的路面工程。但其水化热较高，适合在温度较低或施工进度要求紧张的环境中使用。

普通硅酸盐水泥：该水泥强度稳定，具有良好的施工适应性和耐久性，是市政道路施工中最常用的水泥类型。普通硅酸盐水泥适用于大多数市政道路环境，尤其是交通量大、使用寿命长的路面。

矿渣硅酸盐水泥：该类型水泥具有较好的抗硫酸盐性能和低水化热特性，适用于含有硫酸盐污染或需要控制温升的路面施工。由于其低热性特点，还适合大面积路面施工，减少裂缝风险。

水泥的选择需根据工程的具体条件，如环境温度、施工进度、交通量等因素，合理确定水泥品种和级配，确保混凝土的强度、耐久性和经济性。

（二）集料的选择

集料是水泥混凝土的骨架材料，约占混凝土总体积的 70%－80%，其质量对混凝土的强度、耐久性和施工性能有显著影响。集料主要分为粗集料

和细集料两类：

粗集料：通常采用天然碎石或卵石，粗集料的粒径应根据路面厚度和施工工艺确定。优质粗集料应具有良好的坚固性和耐磨性，表面应洁净、无粉尘和有害物质。其粒径应符合施工要求，一般为 5－31.5mm，粒径分布应合理，以确保混凝土的密实性和强度。

细集料：细集料一般采用天然砂或机制砂，其质量对混凝土的和易性和强度有重要影响。优质细集料应具有适当的颗粒级配，洁净、无杂质和有害物质。细集料的含泥量不应超过 3%，且应符合相关技术规范的要求。细集料的选择需确保混凝土拌合物具有良好的和易性和施工性能，同时满足混凝土强度要求。

（三）水的选择

水是水泥水化反应的必要条件，其质量对混凝土的强度和耐久性具有直接影响。在市政道路施工中，拌制水泥混凝土用水应符合饮用水标准，不得含有有害物质或有机物质，以免影响混凝土的凝结时间和最终强度。对于不符合饮用水标准的水，必须经过严格的试验检测，确认其对混凝土性能无不良影响后方可使用。

（四）外加剂的选择

外加剂的使用可改善混凝土的性能，提高施工效率和工程质量；在水泥混凝土路面施工中，常用的外加剂包括减水剂、引气剂、早强剂和缓凝剂等。

减水剂：通过减少拌合水量，提高混凝土的强度和耐久性，同时改善混凝土的和易性。常用的减水剂有普通减水剂和高效减水剂，其选择需根据混凝土的性能要求和施工条件来确定。

引气剂：通过引入均匀分布的小气泡，改善混凝土的抗冻融性能和耐久性，特别适用于寒冷地区的市政道路施工。引气剂的用量应根据气候条件和工程要求进行合理确定。

早强剂和缓凝剂：早强剂用于加快混凝土的早期强度增长，适用于施工进度要求紧张的工程；缓凝剂用于延缓混凝土的凝结时间，适用于大面积浇筑或高温天气施工。外加剂的选择应根据混凝土的性能要求和施工环境进行科学配置。

（五）混凝土配合比设计

配合比设计是确保水泥混凝土路面强度、耐久性和施工性能的关键步骤。合理的配合比设计需综合考虑原材料的性质、施工条件、环境因素和工程要求。配合比设计的一般步骤如下：

确定水灰比：水灰比是影响混凝土强度和耐久性的主要因素之一，在市政道路施工中，根据设计强度等级和耐久性要求，选择适宜的水灰比。通常情况下，水灰比宜控制在 0.4－0.6 之间，以保证混凝土的强度和耐久性。

选择粗细集料比例：粗细集料比例对混凝土的和易性和强度有重要影响，根据集料的颗粒级配和施工要求，合理选择粗细集料的配合比例。一般情况下，粗细集料的比例宜在 60：40 至 70：30 之间。

确定水泥用量：水泥用量的确定需综合考虑混凝土的强度等级、水灰比和集料的品质。在保证混凝土强度和耐久性的前提下，应尽量减少水泥用量，以降低成本和减少水化热。

计算外加剂用量：外加剂的用量应根据具体的混凝土性能要求和施工条件确定，通常通过实验室试验来确定最佳用量。

试拌和调整：根据初步设计的配合比进行混凝土试拌，并对拌合物的和易性、强度、耐久性等性能进行测试。根据测试结果，进行必要的调整，直至满足设计要求。

水泥混凝土路面的材料选择与配合比设计是市政道路施工中至关重要的环节，直接影响到路面的质量和使用寿命。通过科学合理的材料选择，如水泥、集料、水和外加剂的选择，以及严谨的配合比设计，可确保水泥混凝土的强度、耐久性和施工性能。在实际工程中，应结合具体的施工条件和工程要求，进行合理的材料配置和配合比设计，确保市政道路的高质量建成和长期稳定运行。

二、水泥混凝土路面施工工艺流程

水泥混凝土路面施工工艺流程是保证路面工程质量和使用寿命的关键因

素之一，合理的施工工艺能够确保混凝土路面的平整度、强度和耐久性。在市政道路施工中，水泥混凝土路面施工通常包括基层处理、模板安装、混凝土拌制、摊铺、振捣、整平、养护等多个环节。每一个工艺步骤的执行质量都对路面整体性能产生重要影响。

（一）基层处理

基层处理是水泥混凝土路面施工的第一步，目的是为混凝土面层提供坚实、平整和均匀的基础。基层处理主要包括以下几个步骤：

清理和整平基层：在施工前，对基层表面进行彻底清理，去除松散材料、杂物和积水，以确保基层表面干燥洁净。基层的高低不平之处需进行整平，以避免混凝土面层厚度不均，影响路面平整度和承载力。

基层碾压和压实：使用重型压路机对基层进行碾压和压实，以提高基层的密实度和承载能力。碾压过程需遵循先轻后重、先慢后快的原则，确保基层密实均匀，无明显轮迹和松散颗粒。

基层养护：碾压完成后，根据需要对基层进行湿养护，保持基层湿润以增强基层与混凝土面层的粘结效果。根据气候条件选择适宜的养护时间，以防止基层开裂或强度不足。

（二）模板安装

模板安装是确保水泥混凝土路面施工尺寸精确和边缘整齐的重要步骤，模板通常采用钢模板或木模板，安装过程中需保证模板的稳固性和精确度。

模板选型与准备：根据设计图纸选择合适类型的模板，并对模板进行清理和检查，确保无变形、裂缝和污染物。在安装模板前，在基层上标出模板位置和高程控制线，以确保模板的安装符合设计要求。

模板固定：将模板按设计位置铺设在基层上，并使用支撑件或钢钎将模板牢固固定。模板之间的接缝应紧密，防止混凝土渗漏。固定完成后，检查模板的高度、直线度和垂直度，确保模板安装的平稳和准确。

模板加固与检查：对模板进行全面加固，特别是在转角和连接处，确保在混凝土浇筑和振捣过程中模板不会移动或变形。模板加固后，需再次对模板的高程和垂直度进行检查，以避免施工误差。

（三）混凝土拌制

混凝土拌制是确保路面质量的重要工序，拌制过程需严格按照配合比设计进行，并控制混凝土的均匀性、工作性和和易性。

原材料准备与检查：施工前，准备足够数量的水泥、砂、石子、水和外加剂等原材料，并对这些材料的质量进行检查，确保其符合设计要求和施工规范。对于不符合标准的材料，及时更换，以免影响混凝土性能。

混凝土拌制与搅拌：按设计配合比将各种材料投入拌和机进行拌制，搅拌时间应严格控制，通常为 90－120 秒，以确保混凝土均匀。搅拌过程中，定时检查混凝土的坍落度、流动性和和易性等性能，确保混凝土的工作性和质量满足施工要求。

混凝土运输与供应：拌制好的混凝土需迅速运输至施工现场，运输过程中应避免混凝土离析和水分蒸发。运输车辆应覆盖防护布，防止混凝土失水和污染环境。运输到现场的混凝土应尽快使用，避免因时间过长而降低混凝土性能。

（四）混凝土摊铺与振捣

混凝土的摊铺与振捣是确保路面密实度和平整度的重要环节，严格按照施工技术规范进行操作。

混凝土摊铺：使用摊铺机或人工将混凝土均匀摊铺在模板内，摊铺过程中应控制混凝土的厚度和宽度，确保路面结构的均匀性。摊铺时应保持连续性，避免产生冷接缝，摊铺机行进速度应保持平稳，确保混凝土的均匀分布。

混凝土振捣：使用振捣棒或振捣机对摊铺好的混凝土进行振捣，振捣时应注意均匀性和时间控制，确保混凝土内部无气泡和空隙，提高混凝土的密实度和强度。振捣时避免过振和漏振，以防止混凝土离析或形成蜂窝状结构。

混凝土整平与抹面：振捣完成后，使用刮尺和刮板进行初步整平，并根据设计要求进行表面抹平处理。抹面时注意控制抹平机的压力和速度，确保路面表面的平整度和光洁度。

（五）混凝土养护与成品保护

混凝土养护是施工工艺流程中的重要步骤，直接关系到混凝土的强度发展和耐久性。

初期养护：混凝土浇筑完毕后，立即进行初期养护，以防止混凝土表面失水过快导致开裂。通常采用覆盖湿麻袋、塑料薄膜或洒水养护的方法，确保混凝土表面湿润。

中期养护：初期养护结束后，继续进行中期养护，养护时间一般不少于7天。中期养护过程中，定期检查混凝土的湿润状态，并根据天气条件及时调整养护方法，确保混凝土的强度和耐久性得到充分发展。

成品保护措施：在养护期间，施工现场应采取必要的防护措施，避免机械设备或重物对混凝土路面造成损坏。设置警示标志，防止人员和车辆误入施工区对混凝土路面造成破坏。

水泥混凝土路面施工工艺流程的科学组织与严格执行，是确保路面质量和使用寿命的关键。在施工过程中，从基层处理到模板安装、混凝土拌制、摊铺、振捣、整平和养护，每一个环节都需遵循规范化操作和严格的质量控制。通过合理的施工工艺和有效的管理措施，确保水泥混凝土路面的施工质量达到预期目标，实现市政道路的安全、耐久和经济效益。

三、水泥混凝土路面接缝处理与养生措施

水泥混凝土路面的接缝处理与养生措施是施工过程中至关重要的环节，接缝处理不当导致路面裂缝、剥落等病害，而不良的养生措施则会影响混凝土的强度发展和耐久性。为保证水泥混凝土路面达到预期的设计寿命和使用性能，必须对接缝进行科学合理的处理，并采取有效的养生措施。

（一）水泥混凝土路面接缝处理

接缝是水泥混凝土路面中最容易产生应力集中的部位，合理的接缝处理可以有效防止路面裂缝的产生，提高路面的耐久性。接缝处理主要包括伸缩缝、缩缝和施工缝的设置和处理。

伸缩缝的设置与处理：伸缩缝的设置是为了适应混凝土因温度变化产生

的膨胀和收缩，防止路面结构开裂。伸缩缝通常设置在板块长度方向，每隔 15－20 米设置一道，具体距离根据环境温度和路面设计要求确定。伸缩缝的宽度通常为 10－20 毫米，并填充专用弹性材料，如沥青麻筋、橡胶条等，以保持接缝的柔性和密封性。伸缩缝处理时，确保填充材料的压实度和均匀性，避免材料脱落或开裂。

缩缝的设置与处理：缩缝用于控制混凝土的收缩应力，防止由于水化热和干燥收缩产生的不规则裂缝。缩缝的间距一般为 4－6 米，采用切缝机在混凝土浇筑完成后 4－12 小时内切割至 1/4 板厚度的深度，以保证裂缝沿预定路线产生。缩缝处理时，应在切缝后及时清理缝内碎屑，确保接缝整洁，并填充防水材料，如聚氨酯密封胶，以防止水分渗入缝内，导致基层软化或路面冻融破坏。

施工缝的设置与处理：施工缝是由于施工间断而形成的接缝，通常设置在板块中部或板块 1/3 长度处，垂直于道路的行车方向。施工缝处理时，对缝面进行凿毛处理，以增强新旧混凝土之间的粘结力。在缝面涂布界面剂后，进行新混凝土的浇筑和压实。同时在施工缝处设置拉杆，以加强新旧混凝土的结合力，防止因接缝不牢而引起的路面断裂和错台现象。

（二）接缝材料的选择与应用

接缝材料的选择对水泥混凝土路面的整体性能和使用寿命有着直接影响，接缝材料应具备良好的弹性、粘结性、防水性和耐久性，以确保在各种环境条件下，接缝仍能保持良好的密封效果。

弹性材料的应用：在伸缩缝中，弹性材料如沥青麻筋、橡胶条、聚氨酯密封胶等能够适应混凝土的温度膨胀和收缩变化，防止接缝部位开裂。弹性材料应具有足够的柔韧性和恢复力，能在受压缩后恢复原状，并保持较长的使用寿命。

防水材料的应用：在缩缝和施工缝的处理过程中，防水材料的使用至关重要。聚氨酯密封胶和防水沥青等材料能够有效阻止水分渗入接缝，防止基层受到水损害。防水材料应具有良好的耐候性和抗老化性能，以适应长期的路面使用条件。

耐久性材料的选择：接缝材料的耐久性直接影响到路面的维护成本和使用寿命，应选择具有高耐磨性和抗紫外线能力的材料，保证在高温、低温、雨水等复杂环境下仍能保持良好的性能。

（三）水泥混凝土路面养生措施

混凝土的养生是指在混凝土硬化初期，通过保持其湿润或适当温度等措施，确保其正常硬化和强度增长，合理的养生措施对水泥混凝土路面的强度发展和耐久性起着重要作用。

初期湿养生：在混凝土浇筑完成后，立即进行初期湿养生，通常采用覆盖湿麻袋、草帘或塑料薄膜等方法，保持混凝土表面湿润，防止其因失水过快而出现早期裂缝。湿养生时间一般不少于 7 天，具体时间根据气候条件和混凝土强度要求确定。

持续洒水养生：在初期养生结束后，继续对混凝土路面进行洒水养生。洒水养生应保证混凝土表面始终保持湿润状态，避免因表面失水而影响强度增长。洒水频率应根据气候条件、温度和湿度等因素进行调整，在高温干燥天气下，适当增加洒水频次和养生时间。

使用养生剂：对于不便进行洒水养生的路段，使用混凝土养生剂。养生剂通常为乳液或薄膜型材料，喷洒在混凝土表面后可形成保护膜，减少水分蒸发，促进强度发展。养生剂的选择应符合相关技术规范要求，确保其对混凝土表面无不良影响。

保温养生：在低温或寒冷环境下施工时，采取保温养生措施，防止混凝土受冻害。通常采用覆盖保温材料，如稻草帘、保温毯等，或搭设临时保温棚。保温养生时间根据温度条件和混凝土强度要求确定，确保混凝土在养生期间不受到冻害影响。

水泥混凝土路面接缝处理与养生措施是市政道路施工中的重要组成部分，对路面的质量和使用寿命有着直接影响。通过科学合理的接缝设置和材料选择，结合有效的养生措施，显著提高路面的耐久性和抗裂性。在实际施工中，严格按照施工规范和质量标准进行操作，确保每一个环节的施工质量达到设计要求，实现市政道路的高质量建设和长期稳定运行。

第六章　市政桥梁基础与墩台施工

第一节　桥梁工程基础施工

一、桥梁基础类型与选择依据

桥梁基础是桥梁工程中最重要的结构部分之一，其作用是将桥梁上部结构的荷载传递到地基，并确保桥梁的稳定性和安全性。在桥梁工程中，基础的类型和选型依据对桥梁的使用寿命、经济性和安全性起着决定性作用。根据地质条件、水文环境和荷载特性等因素，桥梁基础的类型主要包括浅基础、桩基础和沉井基础等几种形式。为确保桥梁结构的安全性和稳定性，合理选择基础类型至关重要。

（一）浅基础及其选择依据

浅基础的定义与类型：浅基础是指基础底面位于地面附近的一种桥梁基础形式，通常用于地基土质较好、承载力较高的地区。浅基础类型主要包括扩展基础、条形基础和筏形基础等。扩展基础适用于较小的桥墩和桥台；条形基础用于桥墩或桥台的连续基础；筏形基础用于承载能力较低或沉降较大的地基上，分布在整个桥台下方①。

浅基础的选择依据：浅基础的选择主要取决于地基的土质条件、桥梁的荷载特性和施工条件等因素。当地基土质较好，具备较高的承载能力且地基

---

① 朱木发. 浅析市政路桥设计控制要点 [J]. 河南建材，2018，(04)：253－254.

变形较小的情况下，可优先选择浅基础。尤其在桥梁荷载较小、上部结构较轻、施工工期紧张或场地条件限制的情况下，浅基础因其施工简单、造价较低而被广泛采用。此外，浅基础适用于浅水区或无水区的桥梁工程，施工过程不受水文条件的显著影响。

（二）桩基础及其选择依据

桩基础的定义与类型：桩基础是指通过在地基中打入或浇筑桩体，将上部结构荷载传递到深层土层或岩石层的桥梁基础形式。桩基础根据施工工艺和材料的不同，分为预制桩和灌注桩两种类型。预制桩包括钢筋混凝土预制桩、钢桩和木桩等；灌注桩则包括钻孔灌注桩、打入灌注桩和沉管灌注桩等。

桩基础的选择依据：桩基础的选择主要取决于地基条件、桥梁荷载及环境因素。当桥梁荷载较大，地基土质较差，浅层土承载能力不足或地基沉降较大时，应优先选择桩基础。在施工区域存在较深的软弱土层或承载力不足的淤泥、粉砂土时，桩基础能够将荷载传递至深部坚实土层或基岩，以提高地基的稳定性和承载能力。在水流较急、基础受水流冲刷严重的水域桥梁工程中，桩基础由于其施工深度较大，具备较好的抗冲刷性能和整体稳定性，也成为首选基础形式。

（三）沉井基础及其选择依据

沉井基础的定义与类型：沉井基础是一种通过在地基中下沉井体，将桥梁上部结构荷载传递到深部地基的基础形式。沉井基础通常用于河床或水下桥梁基础施工，沉井可以是钢筋混凝土结构，也可以是钢结构。沉井施工过程中，通过井壁的自重或外加重力将其逐步下沉到设计深度，然后在井内填充混凝土或砂石材料以形成基础。

沉井基础的选择依据：沉井基础的选择主要适用于水深较大的河床或湖泊区域，当桥梁基础需要深入水下深层地基，且施工区域具备良好的水下作业条件时，沉井基础是一种有效的选择。当地基存在厚层松散土或淤泥层，其他基础形式无法满足施工要求时，也可采用沉井基础。在水下施工难度较大或需要保持河道通航的情况下，沉井基础能够提供稳定的施工平台和较高的抗浮力性能，减少施工对水域环境的影响。

（四）其他特殊基础类型及选择依据

扩大基础是对基础底面积进行扩展，以增加基础承载面积和降低基础应力的一种基础形式，通常用于承载力较低的地基。在地基土承载能力不均匀或存在局部软弱土层的情况下，扩大基础可以通过增大基础面积来减少地基应力集中，提高地基的整体承载能力。

群桩基础由多根桩组成的基础系统，主要用于大桥或特大桥的主墩基础。在桥梁荷载较大，特别是多跨连续桥梁的主桥墩处，需要提供较大的承载能力和抗倾覆力时，群桩基础是一种可靠的选择。群桩基础通过多根桩体的共同作用，提高基础的整体稳定性和抗变形能力。

组合基础是指将多种基础形式结合使用的基础类型，通常用于地基条件复杂或多变的工程环境中。在地基上层存在软弱土层而下层为坚硬岩石层时，可以在上部采用浅基础，下部采用桩基础或沉井基础，以保证基础的整体稳定性和经济性。

桥梁基础类型的选择对桥梁工程的质量、成本和使用寿命有着重要影响。浅基础适用于地基条件较好、施工简单的情况；桩基础适用于荷载较大、地基条件较差的情况；沉井基础则多用于水下施工的桥梁工程。其他基础类型如扩大基础、群桩基础和组合基础则适用于特定的工程环境和地质条件。在实际桥梁设计和施工中，应根据具体的地质条件、水文环境、荷载要求和施工条件进行基础类型的合理选择，以确保桥梁结构的稳定性和经济性。

二、桥梁基础施工技术要点

桥梁基础施工是桥梁工程建设的关键环节，其施工质量直接关系到桥梁的安全性、稳定性和使用寿命。基础施工过程中，技术细节和施工方法的正确执行是确保桥梁基础达到设计要求的重要保证。桥梁基础施工需要根据地质条件、水文环境和工程设计要求，合理制定施工方案，采取科学的施工技术与方法。

（一）施工准备与现场布置

在桥梁基础施工前，进行充分的施工准备工作，包括技术准备、材料准备和设备准备。施工单位需熟悉设计图纸和技术规范，明确基础类型、尺寸、荷载和地质条件等具体要求；材料准备方面，按设计要求采购和储备水泥、砂石、钢筋、混凝土外加剂等材料，并确保其质量符合标准；设备准备方面，根据施工工艺配备合适的施工机械和设备，如挖掘机、钻孔机、吊车、模板等，确保设备性能良好，满足施工需求①。

根据工程规模和现场条件，合理规划施工现场布置。现场布置应包括施工通道、材料堆放区、设备停放区、钢筋加工区和临时设施（如办公室、仓库、宿舍等）。施工现场确保水电供应通畅，并配备必要的排水设施，防止积水影响施工。同时，还需设置明确的安全标识和警示牌，确保施工安全。

（二）基础开挖与支护

基础开挖是桥梁基础施工的首要环节，其主要目的是为基础结构提供足够的施工空间，并保证基底达到设计标高。开挖过程中，根据地质条件、开挖深度和开挖方式，合理选择机械开挖或人工开挖方法；对于深基坑开挖，分层分段进行，每层厚度应根据土质和开挖机械能力确定，避免大面积、深度过大的同时开挖导致的基坑坍塌或边坡失稳现象。

在基坑开挖过程中，根据开挖深度和土质情况，采取相应的支护措施，如采用钢板桩、土钉墙、喷锚支护等方法，以防止基坑边坡失稳或塌方。在软土或流砂等不稳定土层中，支护措施应特别加强，并做好地下水的降水和排水工作，确保基坑稳定和施工安全。

（三）基础混凝土施工

基础混凝土的浇筑应按照设计要求进行，采用分层、连续的方式浇筑。浇筑前，应对模板、钢筋进行检查，确保模板位置准确、加固可靠，钢筋绑扎符合设计要求。浇筑过程中，使用振捣器对混凝土进行充分振捣，确保混凝土内部密实、无气泡和蜂窝。振捣时应控制振捣器的插入深度和移动速

---

① 熊朝国. 论如何提高市政路桥工程施工的质量管理［J］. 工程技术研究，2017，（12）：166 ＋177.

度，防止混凝土离析。

在混凝土浇筑过程中，如果因施工中断形成施工缝，按设计要求对施工缝进行处理。施工缝处应进行凿毛处理，清除松散颗粒和表面浮浆，并清理干净。重新浇筑前，在施工缝表面涂刷界面剂或浇筑一层砂浆，以确保新旧混凝土之间的良好粘结。

（四）防水排水与地基处理

在基础施工过程中，采取有效的防水措施，防止地下水或地表水对基础结构的侵蚀。常见的防水措施包括基础底板和侧壁涂刷防水涂料、设置防水混凝土层或安装防水膜等。在施工过程中，特别注意基础周围排水系统的布置，确保雨水和施工废水及时排出，防止基坑积水。

当基础下的地基土层承载力不足或存在不均匀沉降风险时，进行必要的地基处理。常用的地基处理方法包括换填法、压密注浆法和深层搅拌法等。根据地质条件和基础设计要求，选择合适的地基处理方法，确保地基具有足够的承载力和稳定性。

（五）模板安装与钢筋绑扎

模板安装是确保基础混凝土成型尺寸准确、表面平整的关键步骤。模板的材质通常选择木模板或钢模板，安装时确保模板的垂直度、平整度和牢固度；模板的接缝处应紧密，不得有漏浆现象；模板安装完成后，应进行全面检查，确保模板安装符合设计要求。

钢筋的绑扎应严格按照设计图纸和规范进行，钢筋的间距、数量、位置和保护层厚度应符合设计要求，钢筋之间采用合适的绑扎丝或焊接固定，确保钢筋骨架的整体稳定性。在混凝土浇筑前，对钢筋进行检查和验收，确保钢筋无锈蚀、无污染。

（六）施工监测与质量控制

在桥梁基础施工过程中，进行持续的施工监测，以确保施工过程符合设计要求。常见的施工监测项目包括基坑稳定性监测、基础沉降监测和混凝土强度监测等。通过监测数据的分析和反馈，及时发现施工中的问题，采取相应的纠正措施，确保工程质量。

施工质量控制贯穿于桥梁基础施工的各个环节，建立完善的质量管理体系，对材料进场、施工过程和工序交接等关键环节进行严格的质量检查和验收。特别是在混凝土施工中，按规定对混凝土的坍落度、强度等性能进行测试，确保施工质量达到设计标准。

桥梁基础施工的技术要点涉及多个方面，从施工准备、现场布置到基础开挖、混凝土施工、防水排水、模板安装、钢筋绑扎和施工监测等，每一个环节都对工程质量和安全性产生重要影响。通过科学合理的施工组织和技术措施，确保桥梁基础施工的顺利进行，达到设计要求，保证桥梁结构的稳定性和耐久性，为后续桥梁施工打下坚实基础。

第二节 桥墩和桥台的构造特点

一、桥墩和桥台的基本构造与功能

桥墩和桥台是桥梁结构中承载和传递荷载的关键部件，其构造和功能直接关系到桥梁的整体稳定性和使用寿命[①]。桥墩主要用于支撑桥梁的上部结构，承受竖向荷载和水平荷载，并将其传递到基础上；桥台则位于桥梁的两端，支撑桥面并承受桥台填土的侧压力、上部结构的竖向荷载及桥面板的水平推力。

（一）桥墩的基本构造与功能

桥墩通常由墩身、墩帽（顶梁）、基础和承台等部分组成，墩身是桥墩的主体部分，用于承受上部结构的荷载和水平作用力；墩帽（顶梁）位于墩身顶部，起到均匀分布荷载、支撑上部结构的作用；基础和承台则位于桥墩底部，用于将荷载传递到地基。根据墩身的形状和结构，桥墩可分为实心墩、框架墩、空心墩、钢管墩等多种形式。

桥墩主要功能包括承载桥梁上部结构的竖向荷载、抵抗水平荷载（如风

---

① 付强. 影响市政路桥设计的因素分析 [J]. 黑龙江科技信息，2017，(11)：180.

荷载、地震荷载、车制动力等)、传递荷载到基础以及保持桥梁的纵向稳定性。在跨越河流或峡谷等地形的桥梁工程中,桥墩还起到控制桥跨长度、减少桥梁跨度和改善桥梁力学性能的作用。

桥墩在承受桥梁上部结构的荷载时,需考虑竖向荷载(自重、车辆荷载、桥面附属物等)、水平荷载(风力、地震力、制动力等)和冲击荷载(如船舶碰撞力)的共同作用。桥墩的设计需保证在复杂受力条件下,具有足够的强度、刚度和稳定性,防止发生剪切破坏、弯曲破坏或基础沉降等问题。

(二)桥台的基本构造与功能

桥台的构造组成:桥台通常由台身、台帽、基础和翼墙等部分组成,台身是桥台的主体结构,用于支撑桥面结构和桥台填土;台帽位于台身顶部,用于承载上部结构的荷载并均匀分布荷载到台身;基础则是承载桥台和上部结构荷载的支撑部分,通常采用浅基础、桩基础或沉井基础;翼墙是桥台的延伸部分,起到挡土墙的作用,防止填土滑动或坍塌。

桥台的主要功能是支撑桥梁的上部结构,承受竖向和水平荷载,将其传递到基础,并保持桥梁的纵向稳定性。桥台还需承受桥台填土的侧压力和土体的推力,防止填土滑动。桥台通常设置在桥梁两端,用于连接桥梁和路基,确保道路的连续性和交通的安全性。

桥台承受的荷载包括上部结构的竖向荷载(自重、车辆荷载、桥面附属物等)、桥台填土的侧压力、水平荷载(风力、地震力、制动力等)以及桥面板的水平推力。桥台的设计应考虑上述荷载的综合作用,保证台身、基础和翼墙具有足够的承载能力和稳定性,防止发生滑移、倾覆或破坏等问题。

(三)桥墩和桥台的类型与应用

桥墩根据其结构形式可分为实心墩、空心墩、框架墩和钢管墩等类型,实心墩通常用于高度较低、承载力较大和抗弯要求高的桥梁;空心墩用于节约材料和减轻自重的桥梁,尤其适用于高桥墩的结构形式;框架墩一般用于较大跨度桥梁,以提高抗水平荷载能力;钢管墩多用于临时性桥梁或轻型桥梁,具有施工方便、速度快的特点。根据不同的桥梁荷载和施工环境,合理选择桥墩类型能够有效提高桥梁结构的经济性和安全性。

桥台根据其结构形式可分为重力式桥台、扶壁式桥台和悬臂式桥台等类型。重力式桥台利用台身自重抵抗桥台填土的侧压力，适用于土质较好、填土较高的情况；扶壁式桥台通过设置扶壁来增强台身的抗侧压力能力，适用于土质较差或填土高度较大的情况；悬臂式桥台利用悬臂板的受力特性来抵抗水平荷载和填土推力，适用于小跨度桥梁和低填土高度的情况。不同类型桥台的选择需综合考虑桥梁结构特性、地质条件和施工要求等因素。

表 6－1　　　　　　　　　　桥墩和桥台的基本构造与功能

构件类型	构造组成	功能
桥墩	墩身、墩帽（顶梁）、基础、承台	支撑桥梁上部结构，承受并传递竖向和水平荷载。
		抵抗风荷载、地震荷载和车辆制动力等水平外力。
		控制桥跨长度，减少跨度，改善桥梁力学性能。
		在跨越河流或峡谷等地形的桥梁中，确保桥梁的纵向稳定性。
桥台	台身、台帽、基础、翼墙	支撑桥梁上部结构，承受竖向荷载（如自重、车辆荷载等）和水平推力。
		承受桥台填土的侧压力，防止填土滑动或坍塌。
		将竖向荷载和水平推力传递至基础，保持桥梁与道路的连续性。
		用于连接桥梁两端，确保道路的安全性和交通的顺畅。

（四）桥墩和桥台的设计原则

1. 安全性设计：桥墩和桥台的设计应满足强度、刚度和稳定性的要求，以抵抗各种荷载和外力的作用，防止发生破坏和变形。设计时需进行充分的结构计算和力学分析，确保各构件的安全储备系数满足规范要求。

2. 耐久性设计：桥墩和桥台长期暴露在自然环境中，容易受到水流、冻融、腐蚀等因素的影响。设计时考虑耐久性要求，选择耐腐蚀、抗冻融的材料，并采取相应的保护措施，如涂装防腐层、设置排水设施等，以延长结构的使用寿命。

3.经济性设计：在保证安全性和耐久性的前提下，桥墩和桥台的设计还应考虑经济性，合理选择材料、结构形式和施工方法，以降低工程造价，提高施工效率。同时尽量简化构造形式，减少复杂节点和工序，便于施工和维护。

4.桥墩和桥台是桥梁结构中的重要组成部分，其构造特点和功能直接关系到桥梁的整体性能和使用寿命。通过合理选择桥墩和桥台的类型、科学设计其结构和受力特点，可以确保桥梁在各种荷载作用下的稳定性和耐久性。在实际工程中，应根据桥梁设计要求、地质条件和施工环境，合理选择桥墩和桥台的类型和构造形式，确保桥梁工程的安全、经济和长久耐用。

一、桥墩和桥台的类型与选择原则

桥墩和桥台是桥梁结构中承载和传递荷载的关键构件，其类型和设计直接影响桥梁的整体稳定性和使用寿命。桥墩和桥台的选择需综合考虑桥梁的结构形式、荷载特点、地质条件和施工环境等因素，以确保桥梁的安全性、耐久性和经济性[①]。

（一）桥墩的类型与选择原则

1.桥墩的类型

桥墩根据其结构形式和受力特点，主要可分为以下几种类型：一是实心桥墩，实心桥墩通常为钢筋混凝土浇筑而成，截面为矩形、圆形或多边形。由于其结构简单、刚度大、抗冲击能力强，常用于中小跨径桥梁和承载力要求较高的桥梁部位。实心墩能够抵抗较大的水平力和冲击荷载，适用于交通流量大、需要较高刚度和强度的桥梁工程。二是空心桥墩，空心桥墩通常为钢筋混凝土结构，内部为空腔，外形为矩形或圆形截面。空心桥墩通过减轻自重、减少材料用量来实现经济性，适用于高墩桥梁或地质条件较差的桥梁工程。空心墩在相同承载力下，自重较小，减轻了基础负担，适合用于高度较大或承受水平荷载较大的场合。三是框架桥墩，框架桥墩由柱、梁和基础

---

① 袁斌.浅析市政路桥施工图设计文件审查过程控制［J］.低碳世界，2017，（03）：192－193.

组成，通常用于需要大跨径和抗水平力较强的桥梁工程。框架桥墩结构灵活，易于调整截面和配筋，适合用于复杂受力条件下的桥梁工程，如多跨连续梁桥和大跨度桥梁。四是钢管桥墩，钢管桥墩一般由钢管或钢管混凝土组成，具有重量轻、施工速度快和抗震性能好的特点，常用于临时性桥梁、轻型桥梁或快速施工的桥梁工程。钢管桥墩特别适用于地震多发区或承载力较低的地基条件。

2. 桥墩的选择原则

桥墩的选择需综合考虑桥梁结构形式、地质条件、施工环境和荷载特性等因素，根据桥梁的跨度和结构形式，选择合适的桥墩类型。中小跨径的桥梁通常采用实心墩，而大跨径桥梁或高架桥则更适合采用框架墩或空心墩。

地质条件对桥墩的选择有直接影响，在地基承载力较好的情况下，可选择自重大、刚度大的实心墩；在地基承载力较差或不均匀的情况下，应选择轻质桥墩，如空心墩或钢管墩，以减少对地基的压力。施工环境是桥墩类型选择的另一个重要因素，在施工条件受限或需要快速施工的情况下，宜选择易于安装和施工的钢管桥墩或装配式桥墩；在水下或复杂地质条件下，可选择框架桥墩或空心墩以确保施工质量和安全。桥墩需承受上部结构的竖向荷载和水平荷载，在竖向荷载较大、水平荷载较小的情况下，可采用实心墩；在水平荷载较大、需抗震性能较高的场合，宜选择框架墩或钢管墩。

（二）桥台的类型与选择原则

1. 桥台的类型

桥台根据其结构形式和功能特点，主要分为以下几种类型：一是重力式桥台，重力式桥台依靠自身的重力来抵抗土压力，通常为钢筋混凝土结构，体积较大，自重大。适用于填土高度较小、地基条件较好、无较大水平荷载的桥梁工程。重力式桥台因其结构简单、造价较低，广泛应用于中小型桥梁。二是扶壁式桥台，扶壁式桥台在台身背面设置扶壁结构，以增强台身的抗土压力能力。扶壁式桥台具有节约材料、减轻自重的优点，适用于填土高度较大、土压力较大的桥梁工程。常用于软土或不稳定地基的桥梁工程。三是悬臂式桥台，悬臂式桥台利用台身的悬臂结构来抵抗土压力和水平荷载。

悬臂式桥台结构紧凑、材料用量少，适用于填土高度较小、水平荷载较大的桥梁工程，尤其在地基条件较差的场合表现出较好的稳定性和耐久性。三是半重力式桥台，半重力式桥台结合了重力式和扶壁式桥台的特点，部分依靠台身自重抵抗土压力，部分依靠扶壁结构增强抗压力。适用于填土高度中等、地基承载力较差或不均匀的桥梁工程。

2. 桥台的选择原则

桥台的选择需考虑桥梁的功能需求、地质条件、施工环境和经济性等因素，

根据桥梁设计要求和功能需求，选择适合的桥台类型。桥台填土高度较小且侧向土压力较小的场合，可选择重力式桥台；填土高度较大、侧向土压力较大的情况，宜选择扶壁式或悬臂式桥台。地质条件对桥台的选型具有重要影响，在地基承载力较好且稳定的情况下，选择重力式桥台或半重力式桥台；在地基承载力较差或不均匀的条件下，选择扶壁式或悬臂式桥台，以减轻地基的压力，增加结构的稳定性。施工环境是桥台选型的重要考虑因素，在施工场地受限、施工条件复杂的情况下，选择结构紧凑、施工简单的桥台类型，如悬臂式桥台或半重力式桥台；在湿地、河流或软土地区，应选择扶壁式桥台，以增强抗压力能力。在保证桥梁安全性和耐久性的前提下，桥台的选型应综合考虑经济性。重力式桥台因结构简单、造价较低，适用于中小型桥梁；扶壁式桥台和悬臂式桥台由于材料用量和施工要求较高，适用于较大跨度或复杂条件的桥梁工程。

桥墩和桥台的类型选择直接影响桥梁工程的质量、经济性和使用寿命，桥墩类型需根据桥梁结构形式、地质条件、施工环境和荷载特点等因素进行选择；桥台类型需综合考虑桥梁的功能需求、地质条件、施工环境和经济性等因素。在实际桥梁设计和施工过程中，遵循科学合理的选择原则，确保桥梁结构的安全性、耐久性和经济性，达到工程设计目标。

二、桥墩和桥台的设计计算方法

桥墩和桥台的设计计算是桥梁工程中至关重要的环节，其目的是确保桥

梁在各种荷载作用下具有足够的强度、刚度和稳定性[①]。合理的设计计算方法能够有效预测桥墩和桥台的受力状态，避免结构在使用过程中发生变形、开裂甚至倒塌等问题。桥墩和桥台的设计计算需要考虑不同类型的荷载，如恒载、活载、风荷载、地震荷载等，以及地质条件和施工环境的影响。

（一）桥墩的设计计算方法

1. 桥墩承载力计算

桥墩承载力计算是桥墩设计的核心内容，主要包括竖向承载力和水平承载力两部分。

竖向承载力计算：竖向承载力计算的目的是确保桥墩能够安全承受桥梁上部结构的恒载（如自重、桥面板重量、桥面附属设施重量等）和活载（如车辆荷载、人群荷载等）。竖向承载力通常采用以下公式进行计算：

$$N = \sum W_i + Q \cdot Y$$

其中 N 为桥墩竖向承载力，W_i 为各恒载分项重量，Q 为活载，Y 为荷载分项系数。

水平承载力计算：桥墩还需承受水平荷载，如风力、地震力、车制动力和水流冲击力等。水平承载力的计算需考虑各种水平力的合力及其作用点，确保桥墩具有足够的抗倾覆和抗滑移能力。水平力的合力 HHH 计算可表示为：

$$H = H_1 + H_2 + \cdots + H_n$$

其中，$H_1 + H_2 + \cdots + H_n$ 为各水平荷载的大小。桥墩的抗滑移和抗倾覆稳定性需通过计算水平力的作用与地基摩擦力或抗倾覆力矩之间的平衡关系进行校核。

2. 桥墩受力分析与截面设计

桥墩的受力分析主要包括对桥墩在各种荷载作用下的内力分析和截面设计。

内力分析：内力分析包括桥墩的轴力、弯矩和剪力分析。轴力 N 的计算

---

① 林方乔. 市政路桥损坏修复技术分析 [J]. 企业技术开发，2016，35（15）：20—21.

取决于桥墩所承受的竖向荷载，弯矩 M 主要由水平荷载和竖向荷载的偏心引起，剪力 V 则与水平荷载直接相关。内力分析通常采用有限元法或基于经典力学理论的解析方法进行。

截面设计：截面设计的目标是保证桥墩在各种内力作用下，具备足够的抗弯、抗剪和抗压能力。截面设计需满足强度条件和稳定性条件，常用钢筋混凝土结构的抗弯截面承载力计算公式为：

$$M_u = f_c \cdot b \cdot d^2 \cdot \varphi$$

其中，M_u 为极限弯矩，f_c 为混凝土抗压强度设计值，b 为截面宽度，d 为截面有效高度，φ 为抗弯系数。

（二）桥台的设计计算方法

1. 桥台稳定性计算

桥台设计需考虑多种荷载和环境条件的作用，以确保其具有足够的抗滑移、抗倾覆和抗沉降能力。

抗滑移稳定性计算：抗滑移稳定性计算的目的是防止桥台在水平荷载作用下发生滑移。抗滑移安全系数 K_s 的计算公式为：

$$K_s = \frac{F_r}{H}$$

其中，F_r 为抗滑移力，通常为基础底面与地基之间的摩擦力或抗剪力，HHH 为水平荷载的合力。为了确保桥台的稳定性，抗滑移安全系数一般要求大于 1.5。

抗倾覆稳定性计算：抗倾覆稳定性计算的目的是防止桥台在水平荷载作用下倾覆。抗倾覆安全系数 K_t 的计算公式为：

$$K_t = \frac{M_r}{M}$$

其中，M_r 为抗倾覆力矩，MMM 为倾覆力矩。抗倾覆安全系数应大于 1.5，以确保桥台在水平荷载作用下的安全性。

2. 桥台受力分析与构件设计

桥台的受力分析和构件设计需要考虑多种荷载的综合作用，包括竖向荷载（如上部结构重量、车辆荷载等）、水平荷载（如风力、地震力等）和桥台填土的侧压力。

台身设计：桥台台身的设计需确保其能够安全承受各种荷载，并将其有效传递到基础。台身设计时需进行弯矩和剪力的计算，通常采用抗弯强度公式和抗剪强度公式进行校核。台身截面尺寸的设计应满足强度和稳定性要求，同时兼顾经济性和施工方便性。

基础设计：桥台基础设计需考虑地基的承载力和变形特性，确保基础能够将桥台的荷载均匀传递到地基上。基础设计包括对基础尺寸和配筋的确定，以及对地基处理措施的选择。基础的抗滑移和抗倾覆能力需通过计算验证，以保证桥台在各种荷载作用下的稳定性。

（三）设计计算的注意事项与优化方法

桥墩和桥台的设计计算需严格按照规范和标准进行，并注意以下几点：

1. 荷载组合合理性：在进行桥墩和桥台的设计计算时，应考虑多种荷载的组合情况，确保计算结果的准确性和安全性。风荷载与地震荷载不可同时考虑为最大值，应根据概率和实际情况合理组合。

2. 地质和水文条件考虑：地质和水文条件对桥墩和桥台设计有重要影响。在进行设计计算时，应充分考虑地基的承载力、变形特性以及水文环境对结构稳定性的影响。

3. 施工过程的影响：施工过程中的荷载和应力状态与结构的最终荷载状态不同，应对施工过程中的临时荷载和结构变形进行合理计算，以确保施工安全和结构质量。

为了提高桥墩和桥台的设计效率和经济性，可采取以下优化方法：

结构优化：通过调整桥墩和桥台的结构形式和尺寸，减少材料使用量，提高结构的刚度和强度。采用空心墩代替实心墩，减少自重，降低基础负担。

1. 材料优化：选择高性能材料，如高强度钢筋、高强度混凝土等，提高结构的抗荷载能力，同时减少材料用量，降低造价。

2. 施工方法优化：结合工程特点和施工环境，选择合理的施工方法和工艺，减少施工成本和工期，提高施工质量。

桥墩和桥台的设计计算方法是确保桥梁结构安全性和耐久性的关键环节，通过合理的承载力计算、受力分析和构件设计，可以有效确保桥墩和桥台在各种荷载作用下的稳定性和抗破坏能力。设计计算过程中，应严格遵循规范和标准，并结合实际条件进行优化，以提高桥梁工程的经济性和使用寿命。

第三节 桥梁墩台施工

一、桥梁墩台施工方法与技巧

桥梁墩台施工是桥梁工程建设的重要组成部分，其施工质量直接影响桥梁的整体安全性和使用寿命。桥梁墩台的施工方法和技巧涉及基础处理、模板安装、钢筋绑扎、混凝土浇筑及养护等多个环节，需要根据不同的地质条件和工程要求制定合理的施工方案。通过科学的施工组织和高效的施工技巧，可以确保墩台的结构稳定性和质量。

（一）基础处理与施工准备

在墩台施工中，基础处理是首要步骤，通常需进行基坑开挖和支护。基坑开挖的深度和形式取决于墩台的基础类型及地质条件，当基坑深度较大或土质不稳时，必须采取适当的支护措施，如钢板桩、土钉墙或混凝土喷射支护等，防止基坑坍塌或边坡失稳。开挖过程中，分层分段进行，避免大面积、深度过大的开挖。

地下水的排水和控制是基础处理的重要环节，为防止地下水浸泡基坑，需采用明排水、井点降水等方法进行降水处理。明排水适用于浅基坑，排水沟和集水井应布置合理；井点降水适用于深基坑和地下水丰富地区，通过布设井点设备，将地下水位降至基坑底面以下，确保施工干燥。

基坑开挖和排水完成后，对基础底面进行平整和压实。平整工作需确保基础底面的标高符合设计要求，避免出现局部高低不平现象。压实处理采用机械压路机或振动压实机进行，确保基础底面密实度符合规范要求，为后续施工提供稳定的基础条件。

（二）模板安装与钢筋绑扎

模板安装是墩台施工的关键环节，其质量直接影响混凝土构件的外观和尺寸精度。模板材质通常为钢模板或木模板，安装前需进行检查和清理，确保模板无变形、裂缝和污染物。模板安装过程中，按照设计要求放置模板位置，并采用钢钎、支撑杆等进行加固，防止混凝土浇筑时模板移位或变形。模板接缝处应紧密贴合，防止漏浆现象。

钢筋绑扎是确保墩台结构强度和刚度的重要步骤，钢筋的配置应严格按照设计图纸进行，确保钢筋数量、间距和位置符合要求。绑扎钢筋时，使用绑扎丝进行固定，并注意钢筋搭接长度和锚固长度，保证钢筋的整体稳定性。在绑扎过程中，还需确保保护层厚度符合设计要求，以防止混凝土外露钢筋造成腐蚀。

（三）混凝土浇筑与振捣

混凝土浇筑是墩台施工的核心环节，混凝土的配制应严格按照设计配合比进行，确保水泥、砂石、水及外加剂的比例符合技术要求。混凝土配制完成后，应迅速运输至施工现场，避免混凝土在运输过程中发生离析或失水。运输过程中，需覆盖防护布，防止污染环境和水分蒸发。

混凝土浇筑应采用分层、连续的方式进行，避免一次性大面积浇筑导致不均匀沉降或质量问题。每层浇筑厚度应控制在 30－50 厘米之间，以保证浇筑均匀。浇筑过程中，保持施工现场的协调和顺序，避免混凝土层间出现冷缝。对于大体积墩台施工，宜采用分段分块施工方法，防止温度裂缝和收缩裂缝的产生。

在混凝土浇筑过程中，使用振动棒或平板振动器进行充分振捣，确保混凝土密实、无气泡和蜂窝现象。振捣时间应适中，避免过振或欠振，防止混凝土离析或表面出现麻面。振捣时应注意控制振动棒的插入深度和间距，确保振捣均匀，避免形成振动盲区。

（四）混凝土养护与成品保护

混凝土浇筑完成后，立即进行初期养护，通常采用覆盖塑料薄膜、麻袋或草帘等保湿材料，防止混凝土表面水分蒸发过快，导致早期裂缝。初期养护时间一般不少于 7 天，根据天气情况和混凝土强度发展情况，可适当延长养护时间。初期养护结束后，继续进行洒水养护。洒水养护应保证混凝土表面始终保持湿润状态，避免因表面失水而影响强度发展。洒水频率应根据温度和湿度等因素调整，在高温干燥天气下，应增加洒水频率。在混凝土养护期间，采取必要的成品保护措施，防止机械设备、重物或施工人员对墩台结构造成损坏。同时定期监测混凝土的强度发展情况和外观质量，发现问题及时修复和补救，确保施工质量符合设计要求。

桥梁墩台施工方法与技巧是确保桥梁工程质量和安全的关键，通过科学的基础处理、合理的模板安装和钢筋绑扎、严格的混凝土浇筑与养护措施，有效提高墩台的施工质量和耐久性。在实际施工过程中，应严格按照施工规范和技术要求进行操作，并采取有效的质量控制措施，确保每一环节的施工质量达到设计标准，保证桥梁的安全性和长期稳定性。

二、桥梁墩台施工中的模板与支架设置

模板与支架的设置是桥梁墩台施工中的重要环节，其质量直接影响混凝土构件的尺寸精度、外观质量和结构强度。合理的模板和支架设计与安装，能够确保混凝土施工的顺利进行，避免出现漏浆、变形或坍塌等问题。模板与支架的选择和设置需根据墩台的类型、构造特点和施工环境来进行。

（一）模板选择与设计

模板的选择应根据桥梁墩台的结构形式、施工工艺和现场条件来确定。常用的模板类型包括钢模板、木模板和组合模板：

钢模板：钢模板具有强度高、刚度大、重复使用次数多的优点，适用于大体积墩台的施工，尤其是在需要高精度和光滑表面的场合。钢模板的连接方式通常采用螺栓或插销连接，能有效防止漏浆和变形，确保混凝土结构的外观质量。

木模板：木模板重量轻、成本低，适用于中小型桥墩和桥台的施工，特别是在施工现场条件复杂、需要灵活调整模板尺寸的情况下。木模板的安装和拆卸相对方便，但重复使用次数较少，易变形。

组合模板：组合模板通常由钢框架和木板或胶合板组合而成，兼具钢模板的高强度和木模板的灵活性，适用于各种复杂形状的墩台施工。组合模板适应性强，能在一定程度上满足不同结构的需求。

模板设计应遵循以下原则，模板设计必须具备足够的强度和刚度，能够承受混凝土的自重、振捣荷载和施工荷载，防止变形和失稳。模板构件的截面尺寸和连接方式需经过合理计算和验算，以确保在施工过程中不发生变形和破坏。模板能准确地控制混凝土构件的几何尺寸和外形，保证各部位尺寸符合设计要求。模板内部应平整光滑，防止混凝土粘结，影响外观质量。模板设计应考虑现场施工的方便性，尽量简化安装和拆卸操作，缩短施工时间。模板的接缝和节点应处理紧密，防止漏浆，同时模板拆卸后应不损坏混凝土表面。

（二）模板的安装与加固

模板的安装是确保施工质量的重要步骤，应按照设计图纸和技术要求进行：

定位和放样：在安装模板前，根据设计图纸在施工现场进行定位和放样，标出模板的安装位置和基准线，确保模板的准确位置。

分块安装：模板的安装应按照施工顺序进行，一般从基础到墩身再到台帽，分块、分段依次进行。在安装过程中，确保每块模板的拼接紧密，接缝平整，不得有错台或偏移。

水平与垂直调整：模板安装时，使用水准仪和经纬仪进行水平和垂直调整，确保模板的平整度和垂直度符合设计要求。安装完毕后，进行全面检查，确保模板的整体性和稳定性。

模板在承受混凝土浇筑和振捣过程中，易发生变形或移位，因此需要采取必要的加固措施：

支撑加固：模板设置足够的支撑系统，如支撑杆、钢管支撑、斜撑等，以防止模板在施工过程中发生倾斜、变形或倒塌。支撑系统的布置应合理，确保模板在各个方向的稳定性和承载能力。

拉结加固：对于高墩台施工，在模板中设置水平拉杆或斜拉杆，防止模板在混凝土浇筑和振捣过程中发生侧向变形。拉结杆的布置应满足设计要求，连接方式应牢固可靠。

接缝处理：模板之间的接缝应采用海绵条、橡胶条或密封胶条进行密封处理，防止漏浆。接缝处应加设夹具或螺栓，确保模板的拼接紧密。

（三）支架的设置与安全管理

支架用于支撑模板及其上部荷载，常用的支架类型有钢管支架、木支架和组合支架等：

钢管支架：钢管支架强度高、稳定性好，适用于大型墩台的施工，特别是在高墩或复杂结构的桥梁施工中。钢管支架的设置需根据墩台的结构形式和荷载要求合理布置，并进行强度和稳定性验算。

木支架：木支架多用于中小型桥墩和桥台施工，具有施工方便、成本低的特点，但重复使用率低，易受潮变形。木支架的设置需注意防腐处理，并确保支架的支撑点和受力部位符合设计要求。

组合支架：组合支架结合了钢管支架和木支架的优点，适应性强，适用于不同高度和复杂形状的墩台施工。组合支架的布置应根据具体施工条件和设计要求灵活调整。

支架的安全管理是确保施工顺利进行的重要环节，采取以下措施：

支架基础处理：支架的基础应进行平整和夯实，确保其具有足够的承载能力和稳定性。在软土地基或承载力不足的地基上，应铺设钢板或预制混凝土基础，防止支架下沉或倾斜。

支架验收与检查：支架安装完毕后，应进行全面验收和检查，确保支架的支撑点、节点和连接部位符合设计要求和安全规范。施工过程中，应定期对支架进行检查和监测，及时发现和消除安全隐患。

安全防护措施：在支架搭设过程中，应设置安全护栏和警示标志，防止施工人员意外坠落。支架搭设和拆除作业时，应严格按照安全操作规程进行，并配备必要的安全防护装备。

桥梁墩台施工中的模板与支架设置是确保混凝土施工质量和结构安全的

关键环节，通过合理选择模板和支架类型，科学设计模板和支架系统，采取有效的安装和加固措施，可以有效防止施工中出现的变形、漏浆和倒塌等问题。施工过程中应严格执行相关规范和技术要求，加强安全管理，确保施工顺利进行和结构质量达标。

第七章　市政简支梁与斜拉桥施工

第一节　简支梁及其就地浇筑

一、简支梁的基本概念与构造特点

简支梁是桥梁工程中最常见的结构形式之一，广泛应用于市政道路桥梁建设。其结构形式简单、施工便捷，能够有效承受竖向荷载，并具有较好的适应性。简支梁桥通常用于短跨或中跨的桥梁，特别是在基础条件较好、施工场地有限或需要快速建桥的场合。简支梁的构造特点和设计原理对桥梁的整体稳定性和耐久性起着关键作用。

（一）简支梁的基本概念

1. 简支梁的定义

简支梁是指在两个支点之间具有固定支座的梁式结构，其中梁端部在支座上自由支撑，能够承受竖向荷载而不承受弯矩或水平推力。简支梁的支座通常为铰支座或滑动支座，这些支座允许梁端在荷载作用下发生转动，但不允许水平移动，从而实现简支梁的受力特性。

2. 简支梁的受力特点

简支梁在竖向荷载作用下，其主要内力为弯矩和剪力，弯矩在梁的跨中最大，剪力在支座处达到最大值。简支梁的弯矩图呈现单向弯曲形态，且无固定端弯矩，使得梁身的内力分布较为简单。由于简支梁结构简单，受力明确，便于分析计算和施工布置，因而在市政桥梁工程中被广泛应用。

3. 简支梁的适用范围

简支梁适用于跨径较小（通常在 10 米至 30 米之间）、支点条件明确、荷载变化不大、施工周期要求较短的桥梁工程。其应用场景包括城市道路桥、乡村公路桥、人行天桥等。在地质条件稳定的区域或基础设施完善的城市道路中，简支梁因其施工便捷、经济性好而成为常用选择。

（二）简支梁的构造特点

简支梁通常由钢筋混凝土或预应力混凝土制成，梁体构造包括主梁、横梁、桥面板和翼缘板等部分：

1. 主梁：主梁是简支梁的主要承重构件，通常采用矩形、T 形或箱形截面，主梁的截面形状和尺寸根据设计荷载和跨度确定，要求具备足够的强度和刚度，能够承受桥梁的恒载和活载。

2. 横梁：横梁用于连接和支撑主梁，增加桥梁的整体刚度和稳定性。横梁的布置位置和数量应根据桥梁的宽度和荷载分布进行合理设计，确保桥面板和主梁之间的受力均匀。

3. 桥面板：桥面板覆盖在主梁和横梁之上，是直接承受行车荷载的构件。桥面板通常采用钢筋混凝土结构，需具备良好的耐磨性和防水性，以确保行车安全和桥梁耐久性。

4. 翼缘板：翼缘板位于主梁的上部或下部，用于增大截面惯性矩和抗弯刚度，提高简支梁的抗弯性能。翼缘板的尺寸和厚度根据主梁的受力情况和设计要求确定。

表 7－1　　　　　　　　　　简支梁的构造特点

构件	构造组成	特点
主梁	矩形、T 形或箱形截面	是简支梁的主要承重构件，具有足够的强度和刚度，以承受桥梁的恒载和活载。
横梁	连接和支撑主梁的结构	增加桥梁的整体刚度和稳定性，确保桥面板和主梁之间的受力均匀。

构件	构造组成	特点
桥面板	钢筋混凝土结构	覆盖在主梁和横梁之上，直接承受行车荷载，具备良好的耐磨性和防水性，确保行车安全和桥梁耐久性。
翼缘板	主梁的上部或下部结构	增加截面惯性矩和抗弯刚度，提高简支梁的抗弯性能，防止梁体在荷载作用下发生过度弯曲。
支座	铰支座、滑动支座	铰支座允许梁端转动但不允许水平移动；滑动支座允许梁端自由滑动以适应温度和收缩变形，确保结构的自由伸缩。
桥台	钢筋混凝土或预制构件	位于桥梁两端，支撑梁体端部，承受桥台填土的侧压力，确保桥梁与道路连接的稳定性和安全性。
桥墩	钢筋混凝土或预制构件	位于桥梁中部或长跨度桥梁的支撑位置，提供中间支撑点，分担桥梁荷载，确保桥梁整体的承载力和稳定性。

简支梁的支座是其构造中的重要组成部分，通常设置在桥台或墩台上；支座类型主要包括铰支座和滑动支座。

铰支座：铰支座允许梁端在受荷载时发生转动，但不允许水平移动。铰支座通常用于简支梁的一个端部，具有传递竖向力和转动自由的功能。

滑动支座：滑动支座能够在竖向荷载和水平推力作用下，允许梁端自由滑动，适应梁的温度变形和收缩变形。滑动支座一般设置在简支梁的另一端，确保结构的自由伸缩。

桥墩和桥台是支撑简支梁的重要构件，通常由钢筋混凝土或预制构件制成：

桥台：桥台位于桥梁的两端，用于支撑梁体的端部，并承受桥台填土的侧压力。桥台的设计应确保足够的强度和稳定性，防止因水平推力或基础沉降引起的桥台失稳或裂缝。

桥墩：桥墩设置在桥梁的中部或跨径较长的地方，用于支撑主梁和分担桥梁的荷载。桥墩的构造需考虑地质条件、荷载分布和抗冲刷要求，确保其具备良好的承载力和耐久性。

（三）简支梁的施工方法与技术要点

简支梁的施工方法主要包括现场就地浇筑、预制拼装和顶推施工等，根据施工现场条件和桥梁设计要求，可选择合适的施工方法。

现场就地浇筑：现场就地浇筑是简支梁常用的施工方法，适用于跨度较短、场地较为宽敞的桥梁工程。就地浇筑需要搭设模板和支架，进行钢筋绑扎和混凝土浇筑，通过严格控制施工工艺和材料质量，确保梁体的成型质量和结构性能。

预制拼装：预制拼装适用于场地受限或桥梁构件形状复杂的情况。桥梁构件在工厂或预制场预制完成后，运至施工现场进行拼装。预制拼装能提高施工效率和质量控制，但需考虑运输和安装的便利性。

顶推施工：顶推施工适用于较长跨径的简支梁桥，利用千斤顶等顶推设备，将预制梁体逐段推至设计位置。顶推施工能减少对交通和环境的影响，但需确保顶推设备和工艺的可靠性。

简支梁施工需注意以下技术要点，以确保施工质量和安全。

模板与支架设置：模板和支架的设置应满足强度和刚度要求，确保混凝土浇筑过程中的稳定性和形状精度。模板安装前应进行定位和放样，模板接缝应紧密，支架应具备足够的支撑能力和安全系数。

钢筋绑扎与保护：钢筋绑扎应符合设计图纸要求，确保钢筋位置准确，搭接长度和保护层厚度符合规定。钢筋绑扎后，应采取必要的防护措施，防止钢筋锈蚀和污染。

混凝土浇筑与养护：混凝土浇筑应分层连续进行，避免形成冷缝和收缩裂缝。浇筑完成后，应及时进行养护，防止混凝土表面失水过快而产生早期裂缝，养护时间应根据天气条件和混凝土强度发展情况确定。

简支梁作为市政桥梁工程中常用的结构形式，具有构造简单、施工便捷、适用范围广等特点。其设计与施工需充分考虑受力特点、构造要求和施工条件，合理选择施工方法和技术措施。通过科学的设计和精细化的施工管理，能够确保简支梁的结构安全性和耐久性，为市政道路桥梁的建设提供可靠的解决方案。

二、简支梁就地浇筑的施工方法与流程

简支梁的就地浇筑是一种常见的桥梁施工方法，特别适用于中小跨度的市政桥梁工程。此方法能充分利用现场条件，避免预制和运输的成本，同时确保梁体的整体性和质量。就地浇筑的施工过程包括准备工作、模板与支架的设置、钢筋绑扎、混凝土浇筑及养护等环节。每个环节的合理组织和科学操作对保证施工质量和结构的耐久性至关重要。

（一）施工准备与场地布置

简支梁的就地浇筑施工前，需要做好充足的准备工作，包括技术准备、材料准备和设备准备。

施工单位需认真熟悉设计图纸和技术规范，明确简支梁的施工要求、设计参数和施工难点。施工组织设计应包括施工方案、工序安排、质量控制措施和安全保障措施。根据设计要求采购水泥、砂石、钢筋、混凝土外加剂等建筑材料，并确保其质量符合标准；同时准备足够数量的模板、支架、绑扎丝和其他辅助材料。施工设备包括混凝土搅拌机、振捣器、起重机、水泵等，所有设备需进行检查和试运行，确保其性能良好。

场地布置考虑施工工序和安全要求，合理规划施工区域、材料堆放区、设备存放区和临时设施。

划定施工区域，确保浇筑作业有足够的操作空间；施工区域设置警示标志和围栏，防止无关人员进入。材料堆放区应设置在施工区域附近，便于材料的存取和运输。堆放区应平整坚实，防止材料受潮或污染。设备存放区应设置在地势较高、排水良好的地方，便于设备的日常维护和保养。

（二）模板与支架的设置

模板的设置是简支梁就地浇筑的重要步骤，模板质量直接影响混凝土构件的外观和尺寸精度：

根据简支梁的构造和现场条件，选择合适的模板类型，如钢模板、木模板或组合模板。钢模板适用于高精度要求的梁体，木模板适用于形状复杂、

尺寸多变的构件。模板安装前进行放样和定位，确保模板的位置准确；模板的拼接紧密，接缝处采取密封措施，防止混凝土漏浆。安装模板时，按施工顺序从底模到侧模逐步进行，确保模板的稳定性和垂直度。为防止模板在混凝土浇筑时发生变形或移位，设置足够的支撑和拉结系统。支撑系统可采用钢管、木方等材料，确保模板在各方向上的稳定性。

支架的设置对支撑模板和梁体荷载起到重要作用，需具备足够的强度和刚度。

支架类型根据梁体的跨度、荷载和现场条件选择，常用的有钢管支架、木支架和组合支架。钢管支架适用于大跨度梁体施工，木支架适用于中小跨度梁体。支架布置确保受力均匀、稳定性良好，支架间距符合设计要求，支撑点应牢固，防止发生滑移或倾斜。支架搭设完毕后，进行安全检查，确保各连接部位牢固，支架整体稳定。在施工过程中，定期检查支架状态，发现问题及时处理。

（三）钢筋绑扎与混凝土浇筑

钢筋绑扎是确保梁体强度和刚度的重要环节，严格按照设计图纸和施工规范进行。

根据设计图纸进行钢筋下料，确保钢筋长度、直径和形状符合要求。钢筋的切割、弯曲和焊接应在钢筋加工区内进行，确保加工质量。钢筋绑扎按从底层到上层的顺序进行，保证钢筋间距和搭接长度符合规范要求。绑扎时使用绑扎丝固定，每根钢筋的交叉点处应绑扎牢固，防止钢筋移位或松动。钢筋绑扎完毕后，使用垫块或保护层垫块确保钢筋保护层厚度符合设计要求，防止混凝土浇筑时钢筋外露。

混凝土浇筑是简支梁施工的关键工序，采用分层、连续浇筑的方法，确保混凝土的密实性和均匀性。混凝土按设计配合比进行拌制，确保水泥、砂石、水及外加剂的比例符合要求。拌制好的混凝土应尽快运输至施工现场，避免在运输过程中发生离析或失水。混凝土浇筑分层进行，每层厚度控制在30—50厘米之间。浇筑过程中，使用振动棒或振动板进行充分振捣，防止气泡和蜂窝现象的产生。振捣时，控制振动棒的插入深度和移动速度，确保振捣均匀。浇筑过程中对混凝土的坍落度和和易性进行实时监控，确保混凝土性能符合施工要求。发现混凝土质量问题时，应及时调整拌合比或重新拌制。

（四）混凝土养护与拆模

混凝土浇筑完成后，立即进行初期养护，防止表面失水过快导致早期裂缝。

初期养护采用覆盖塑料薄膜、麻袋或草帘等材料保持湿润状态，养护时间不少于 7 天。养护过程中应定期洒水，保持混凝土表面湿润。在高温干燥或大风环境下，加密覆盖物或增加洒水频率，以防止混凝土表面产生干缩裂缝。

模板拆除应在混凝土强度达到设计要求后进行，拆模时需注意保护成品，防止构件表面损坏。模板拆除按照从侧模到底模的顺序进行，拆模过程中应轻拿轻放，避免对混凝土表面造成划痕或冲击。拆模后，对梁体进行成品保护，避免机械设备、重物或施工人员对梁体造成损伤；同时继续进行养护和监测，确保混凝土强度和耐久性符合设计要求。

简支梁就地浇筑的施工方法与流程需要严格的组织管理和科学的操作步骤，通过合理的施工准备、模板与支架设置、钢筋绑扎与混凝土浇筑以及混凝土养护与成品保护，可以有效保证梁体的施工质量和结构性能。在实际施工过程中，遵循技术规范和质量标准，确保桥梁工程的安全性和耐久性。

三、简支梁就地浇筑的质量控制要点

简支梁就地浇筑施工是市政桥梁工程中常见的建造方式，其质量控制直接关系到桥梁的安全性、耐久性和使用寿命。在施工过程中，涉及多个环节的质量控制，包括施工准备、模板与支架的安装、钢筋绑扎、混凝土浇筑、振捣和养护等。每一个环节的精细管理和严格控制，均可显著提高工程质量，减少后期维护成本。

（一）施工准备阶段的质量控制

在施工开始前，进行充分的技术交底，确保施工队伍对设计图纸、施工工艺和技术要求有明确的理解和掌握。技术交底的内容应包括设计参数、施工方法、质量标准、安全措施等，确保所有施工人员熟知施工要求并严格按规范执行。施工方案的审查也是质量控制的关键环节，对施工工序、设备配置、人员安排和材料选择等方面进行全面审查，确保方案的科学性、合理性和可操作性。特别是对关键工序，如模板安装、钢筋绑扎、混凝土浇筑等，需制定详细的操作规程和质量控制措施。

材料质量直接影响简支梁的施工质量，对进场的水泥、砂石、钢筋、外加剂等进行严格的验收，确保其符合设计和规范要求。材料验收包括材质检验、规格检查和数量核对，对不合格的材料应拒绝使用。同时加强材料的存储管理，确保存放场地干燥、通风、防潮。水泥应避免受潮结块，砂石应防止混杂泥土和杂物，钢筋应防锈蚀。对于不同材料，应设立专门的堆放区，并做好标识和防护。

（二）模板与支架安装的质量控制

模板的安装质量直接影响混凝土构件的外观和尺寸精度，进行严格的控制。在模板安装前，进行精确的放样和定位，确保模板的安装位置符合设计要求。模板的标高、轴线和垂直度需准确无误，安装后应进行全面复核。模板的接缝紧密，采用海绵条、橡胶条或密封胶条进行密封处理，防止混凝土浇筑时出现漏浆现象。模板的接缝处加设夹具或螺栓，确保拼接紧密。模板的加固充分，使用足够的支撑系统，如支撑杆、钢管支撑、斜撑等，以防止混凝土浇筑过程中的变形或移位。加固系统的布置应合理，确保模板在各个方向的稳定性和承载能力。

支架的安装质量是保证施工安全和构件成型质量的关键，应注意以下几点。

支架布置确保受力均匀、稳定性良好。支架的立杆、横杆和斜撑应按设计要求布置，间距合理，确保支架整体的刚度和强度。支架的基础应进行平整和夯实，确保其具有足够的承载能力和稳定性。在软土地基或承载力不足的地基上，铺设钢板或预制混凝土基础，防止支架下沉或倾斜。支架搭设完毕后，进行安全检查，确保各连接部位牢固，支架整体稳定。在施工过程中，定期对支架状态进行检查和维护，及时发现和消除安全隐患。

（三）钢筋绑扎与混凝土浇筑的质量控制

钢筋绑扎是确保梁体结构强度和刚度的重要环节，严格按照设计图纸和施工规范进行。钢钢筋的下料、弯曲和焊接严格按设计要求进行，确保钢筋的尺寸和形状符合规范。钢筋安装时，准确放置在设计位置，绑扎牢固，确保钢筋网片或骨架的稳定性。钢筋绑扎后，使用垫块或保护层垫块，确保钢筋保护层的厚度符合设计要求，保护层厚度过薄或过厚都会影响混凝土的耐久性和钢筋的防腐蚀性能。钢筋的连接符合设计要求和施工规范，搭接长度、焊接长度满足规定。钢筋搭接和焊接部位应避免集中设置，以防止局部应力集中导致结构损伤。

混凝土浇筑是简支梁施工的核心工序，需重点控制浇筑质量。混凝土应按设计配合比进行拌制，确保水泥、砂石、水及外加剂的比例符合技术要求。拌制好的混凝土应及时运输至施工现场，避免运输过程中发生离析或失水。混凝土浇筑采用分层、连续浇筑的方法，防止形成冷缝和收缩裂缝。浇筑过程中，使用振动棒或振动板进行充分振捣，确保混凝土密实、无气泡和蜂窝现象。振捣时间适中，避免过振或欠振，防止混凝土离析或表面出现麻面。浇筑过程中实时监控混凝土的坍落度、流动性和均匀性，发现问题及时调整拌合比或振捣方法，确保混凝土质量满足施工要求。

（四）混凝土养护与成品保护的质量控制

混凝土养护是确保混凝土强度发展和耐久性的重要环节，采取科学的养护措施。混凝土浇筑完成后，立即进行初期养护，防止混凝土表面失水过快导致早期裂缝。初期养护可采用覆盖塑料薄膜、麻袋或草帘等材料保持湿润状态，养护时间一般不少于 7 天。在高温干燥或大风环境下，加密覆盖物或增加洒水频率，以防止混凝土表面产生干缩裂缝；同时养护过程中应避免施工机械或重物对混凝土造成损伤。

成品保护是确保混凝土构件质量的最后一道防线，制定严格的成品保护措施。

模板拆除应在混凝土强度达到设计要求后进行，拆模时需轻拿轻放，避免对混凝土表面造成划痕或冲击。拆模后，对梁体进行成品保护，防止机械设备、重物或施工人员对梁体造成损伤。成品保护期间，定期检查混凝土的表面质量和强度发展情况，发现裂缝、蜂窝、麻面等缺陷时，及时进行修补和加固，确保构件质量符合设计要求。

简支梁就地浇筑的质量控制涉及多个环节，包括施工准备、模板与支架安装、钢筋绑扎、混凝土浇筑及养护等。通过科学的施工组织和严格的质量控制措施，可以有效保证施工质量，确保简支梁结构的安全性和耐久性。在实际施工过程中，应严格执行技术规范和质量标准，加强全程监控和管理，确保工程质量达到设计要求。

四、简支梁就地浇筑的安全防护措施

简支梁的就地浇筑施工是桥梁建设中常见的工程方法，但其施工过程涉及高空作业、模板支撑、混凝土浇筑等多项危险作业，存在较大的安全风险。为了保障施工人员的安全，防止发生安全事故，必须制定并落实严格的安全防护措施，确保施工现场的安全生产。安全防护措施应贯穿整个施工过程，包括施工准备、模板安装、钢筋绑扎、混凝土浇筑及养护等各个环节。

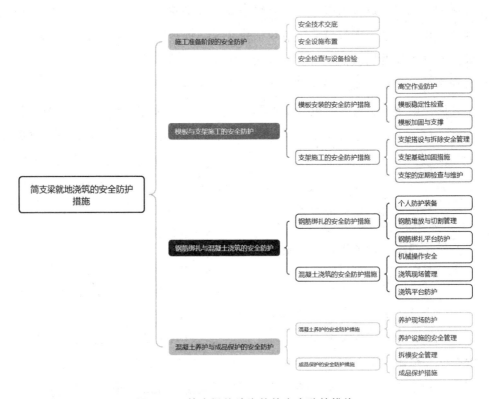

图 7-1　简支梁就地浇筑的安全防护措施

（一）施工准备阶段的安全防护

1. 安全技术交底

在施工开始前，施工单位应组织全体施工人员进行安全技术交底，明确施工中的安全风险和防护要求。安全技术交底应包括以下内容：施工工序和工艺流程中的潜在危险源，安全操作规程，个人防护装备的正确使用，紧急情况下的应急处理措施等。施工人员应充分理解和掌握相关安全知识，并在实际操作中严格遵守。

2. 安全设施布置

施工现场应设置必要的安全设施，如围栏、防护网、标识牌和安全通道等，以保证人员和设备的安全。施工区域应设立明显的警示标志，禁止无关人员进入危险区域。高空作业区和临边作业区应设置防护栏杆和安全网，以防止人员坠落事故的发生。

3. 安全检查与设备检验

在施工前，所有施工设备、工具和材料应进行全面检查和检验，确保其符合安全要求。混凝土搅拌机、振捣器、起重机等设备应检查其运行状态、制动装置和安全防护装置的完好性。对于电气设备，应检查电缆绝缘性和接地情况，防止漏电伤人事故。

（二）模板与支架施工的安全防护

模板安装是简支梁施工中的关键环节，存在高空作业和结构坍塌的风险，因此需要采取必要的安全防护措施：

1. 高空作业防护：模板安装涉及高空作业，所有作业人员必须佩戴安全帽、安全带等个人防护装备，并系好安全绳。高空作业区域应设置防护网和安全栏杆，防止人员坠落。

2. 模板稳定性检查：在模板安装过程中，定期检查模板的稳定性和牢固性，确保模板支撑系统无松动、无移位。模板拼接和支撑点应设置合理，避免因荷载不均导致的模板失稳。

3. 模板加固与支撑：模板安装完成后，进行加固，确保模板在混凝土浇筑时不发生变形或坍塌。模板支撑应采用合适的材料和固定方式，确保支撑系统的强度和稳定性。

支架的搭设和拆除过程中存在较大的安全风险，应采取以下防护措施。

4. 支架搭设与拆除安全管理：支架搭设和拆除严格按照设计方案和操作规程进行，作业人员应经过专业培训，并配备必要的安全防护装备。支架搭设时应注意立杆和横杆的稳定性，拆除时应逐步进行，避免发生结构倒塌。

5. 支架基础加固措施：支架基础应进行平整和夯实，确保其具有足够的承载力和稳定性。在软土地基或承载力不足的地基上，采取铺设钢板或混凝土基础等加固措施，防止支架下沉或倾斜。

6. 支架的定期检查与维护：支架搭设完毕后，定期进行安全检查，确保支架的各连接部位牢固，支架整体稳定。在施工过程中，定期检查支架状态，发现问题及时处理，确保施工安全。

（三）钢筋绑扎与混凝土浇筑的安全防护

钢筋绑扎作业属于高强度体力劳动，存在扎伤、切割伤和高空坠落等风险，应加强安全防护。

1. 个人防护装备：钢筋绑扎作业人员佩戴安全帽、防护手套、护目镜等个人防护装备，防止钢筋扎伤、切割伤和混凝土溅入眼睛。高空作业时，系好安全带，并采取必要的防滑措施。

2. 钢筋堆放与切割管理：钢筋堆放应整齐稳固，防止滑落和倾倒。钢筋切割时，使用符合标准的切割设备，并在切割区设置防护栏，防止碎屑飞溅伤人。

3. 钢筋绑扎平台防护：在高空钢筋绑扎作业时，搭设符合规范的作业平台，并设置防护栏杆和防护网，确保作业平台的稳定性和安全性混凝土浇筑过程中涉及大量的机械操作和现场管理，采取以下安全防护措施。

4. 机械操作安全：混凝土搅拌机、泵车等设备操作人员必须持证上岗，并严格按照操作规程进行操作。设备运转时，非操作人员不得靠近设备，防止发生机械伤害事故。

5. 浇筑现场管理：混凝土浇筑现场应设立警示标志，划定安全区域，防止无关人员进入。浇筑过程中协调各工种作业，避免交叉作业，防止人员和设备之间的碰撞。

6. 浇筑平台防护：浇筑平台应具备足够的承载能力和稳定性，平台上设置防护栏杆和防滑措施，防止人员滑倒或坠落。平台上的照明设施应满足夜间施工的要求，确保作业视线清晰。

（四）混凝土养护与成品保护的安全防护

混凝土养护阶段的安全防护主要包括人员安全和环境安全的保障。

1. 养护现场防护：养护过程中设置警示标志和围栏，防止无关人员进入施工区域。养护作业人员应配备防护鞋、防滑垫等装备，防止湿滑路面导致滑倒事故。

2. 养护设施的安全管理：使用洒水养护设备时，检查设备的电缆和接地情况，确保电气设备的安全运行。养护材料（如麻袋、塑料薄膜等）应放置整齐，避免阻碍施工通道。

成品保护阶段的安全防护主要涉及拆模和施工现场管理。

3. 拆模安全管理：模板拆除应在混凝土强度达到设计要求后进行，拆模时采用轻便工具，轻拿轻放，防止对混凝土表面造成损伤。拆模作业应安排专人指挥，避免人员聚集和交叉作业。

4. 成品保护措施：成品保护期间，定期检查混凝土构件的表面质量，发现问题及时处理。施工现场应保持整洁，避免杂物堆积，防止绊倒或滑倒事故的发生。

简支梁就地浇筑的安全防护措施贯穿于整个施工过程，包括施工准备、模板与支架施工、钢筋绑扎、混凝土浇筑及养护等各个环节。通过落实科学的安全防护措施，加强施工现场的安全管理和人员培训，能够有效预防安全事故的发生，确保施工过程的安全和工程质量。在实际施工中，施工单位应严格执行安全规范，确保每一环节的防护措施到位，保障施工人员的生命安全和桥梁工程的顺利进行。

第二节　简支梁预制安装及桥梁支座、伸缩装置施工

一、简支梁预制方法与技巧

简支梁桥作为市政桥梁工程中的常见结构类型，在市政建设中扮演着重要角色。简支梁的预制质量与施工技术直接关系到桥梁的整体安全性和耐久性。从简支梁的预制方法与技巧展开探讨，针对其施工过程中涉及的工艺流程与操作要点进行详细阐述，为提高市政简支梁桥的预制安装效率与质量提供参考。

（一）预制场地布置与准备工作

简支梁的预制场地选择至关重要，影响着施工效率及后续梁体的质量。施工场地应平整且坚实，具备足够的承载力，以确保大型预制设备的稳定运行。场地布置时需考虑材料存放、运输路线及预制件的吊装位置，合理规划

可减少施工过程中的无效时间。

为了确保梁体预制质量，预制场地做好排水设施，避免雨水浸泡导致的地基沉降或预制模具变形。施工单位根据施工进度，提前准备好所需的钢筋、混凝土原材料及预制模具等设备，避免材料短缺影响施工进度。

（二）模具的选择与安装

模具是简支梁预制的核心设备之一，其质量直接决定梁体表面的平整度与几何尺寸的精确度。简支梁模具可选用钢模或木模，但在实际施工中，以钢模使用较为广泛。钢模具具备刚度大、不易变形的优势，能较好地保证预制梁体的尺寸精度及表面质量。

模具安装时需严格按照设计要求进行校正，确保模具在安装过程中不会产生错位或倾斜。同时模具内部的接缝处应做好密封处理，防止混凝土浇筑时漏浆。对于曲线形或异形梁体，模具根据梁体结构形状进行定制，并在安装过程中反复校核尺寸，确保满足设计要求。

（三）钢筋绑扎与混凝土浇筑

钢筋的绑扎是简支梁预制中的重要环节，钢筋加工及安装前，严格按照施工图纸进行钢筋的放样与切割，确保钢筋的长度及弯曲角度与设计要求一致。在绑扎过程中，钢筋的接头位置需错开布置，避免集中设置在同一截面，减少应力集中现象。

混凝土的配合比设计对简支梁的承载能力及耐久性有着直接影响，混凝土选择强度等级高、耐久性好的材料，并按照标准规范进行搅拌。浇筑过程中保持连续作业，避免产生施工缝。为提高混凝土的密实度，振捣操作至关重要，振捣过程中应避免过振或漏振，以防止混凝土出现蜂窝、麻面等质量问题。

（四）养护与脱模工艺

简支梁预制完成后，养护过程决定了混凝土的最终强度。施工单位会采用覆盖湿草帘、洒水养护等方式，确保梁体在初期养护阶段的湿度环境。养护时间根据混凝土强度等级、气候条件等因素确定，一般不少于7天。

脱模时需特别小心，避免强行脱模或过早脱模导致梁体表面产生裂缝或破损。使用钢模时，可借助专用的脱模油来减少粘结力，保证梁体顺利脱模。脱模后，简支梁应进行表面修整，确保外观质量达标。

（五）桥梁支座的安装

桥梁支座是连接桥梁上部结构与下部结构的重要构件，其安装质量直接关系到桥梁的安全与耐久性。支座安装前应对支座垫石进行测平及校正，确保支座安放面与梁体底面平行。安装时，施工人员严格控制支座中心线与梁体纵轴线的对齐度，确保支座均匀受力。

为了防止支座与梁体间的滑动，常在安装时采用锚固装置固定。对于活动支座，根据设计要求预留足够的位移空间，确保桥梁在荷载及温度变化时能够自由变形，不致产生额外的应力。

（六）伸缩装置施工

伸缩装置是桥梁施工中的重要部件，用于调节桥梁在温度、荷载变化时的长度变化。伸缩装置的安装位置通常设置在梁体的端部或墩台附近，安装时确保其与梁体及墩台之间的连接牢固。施工时，将安装位置处的混凝土表面打磨平整，并清理干净，确保伸缩装置底座与梁体接触紧密。安装伸缩装置时，根据温度变化情况适当调整装置的初始缝宽，避免由于温差变化造成的缝宽不均。施工过程中还应避免伸缩装置被杂物卡住，影响其正常功能。施工完成后进行检查，确保伸缩装置动作灵活、无卡滞现象。

简支梁预制施工是市政桥梁建设中的关键环节，其施工质量直接影响到整个桥梁的安全性和耐久性。通过科学规划预制场地、合理选择与安装模具、严格控制钢筋绑扎与混凝土浇筑工艺，结合规范的养护及脱模操作，可以有效提高梁体的预制质量。在桥梁支座与伸缩装置的施工中，施工单位需严格按照设计要求进行安装与调试，确保其功能的可靠性。

二、简支梁安装施工工艺流程

简支梁的安装施工是市政桥梁建设中的关键步骤，施工流程的合理性和规范性直接影响桥梁结构的稳定性和使用寿命。简支梁的安装涉及吊装、定位、调整等多个环节，每个环节都需严格按照设计和施工规范执行。

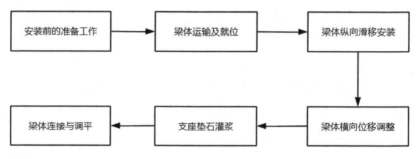

图7-2　简支梁安装施工工艺流程

（一）安装前的准备工作

在进行简支梁安装之前，充分的准备工作是保障施工顺利进行的前提条件。施工单位根据设计要求和现场实际情况，编制详细的施工方案，并进行技术交底，确保施工人员熟悉流程和要点。施工设备如吊车、卷扬机、滑移装置等提前调试，确保各类设备的性能良好，能满足施工要求。施工现场清理干净，尤其是梁体的安装区域必须确保无障碍物，以保证施工的安全性和效率；桥墩顶面及支座垫石应事先完成，并通过测量检查是否符合设计标高及水平要求，确保后续梁体安装的精度。

（二）梁体运输及就位

简支梁的运输和就位是安装施工中的重要步骤，运输过程中避免梁体产生裂缝或变形。在运输前，施工人员对梁体进行必要的加固，特别是在梁端与梁腹处，需采取支撑或缓冲措施，防止因震动或不均匀受力导致的损伤。

梁体运输到施工现场后，按照事先规划的方案进行吊装和就位操作。在吊装过程中，起吊点的选择至关重要，通常根据简支梁的重量和长度选择多个起吊点，以避免梁体受力不均引起弯曲变形。起吊作业中严格控制吊装速度，保持稳定，防止因吊装过快产生的冲击力对梁体造成损伤。

就位过程中，梁体逐步靠近支座，施工人员通过微调设备对梁体的位置进行精确调整，确保梁体准确落在设计位置上。安装过程中应反复测量梁体的平面位置及高程，确保其与设计要求一致。

（三）梁体纵向滑移安装

对于一些特殊条件下的桥梁施工，简支梁的安装采用纵向滑移法。该工艺通常适用于桥梁跨越河流、峡谷或交通繁忙的公路时，无法采用传统吊装方式。滑移法通过在桥墩上设置滑道，将简支梁从预制场地逐步滑移到位。

施工时，在桥墩顶设置临时支架及滑道，滑道表面铺设钢板或涂抹润滑剂，以减少滑移阻力。简支梁在滑移过程中，通过液压千斤顶等设备逐段推送，并通过设置导向装置确保梁体沿预定轨迹平稳滑移。每次滑移完成后，施工人员需检查梁体与支架之间的接触情况，确保受力均匀且滑移稳定。

（四）梁体横向位移调整

在简支梁安装就位后，通常还需进行横向位移的调整。由于施工中不可避免的误差，梁体在初次就位后与设计位置存在一定的偏差。通过横向移位装置，施工人员可以对梁体进行精确的横向调整。

横向移位的过程需极其谨慎，操作人员通过调节液压装置逐步将梁体推移至设计的中心线位置。移位过程中，应反复检查梁体与支座的接触情况，防止产生倾斜或不均匀受力。横向移位完成后，对梁体的位置进行最后的核对，确保其与设计线形完全吻合。

（五）支座垫石灌浆

支座垫石灌浆是简支梁安装中的重要工序，灌浆质量直接影响支座的稳定性及梁体的受力情况。在梁体精确就位并完成支座安装后，施工人员需进行支座垫石的灌浆作业。灌浆材料通常采用高强度微膨胀砂浆，具有良好的流动性和强度性能。

灌浆作业前，施工人员对支座下部的垫石进行清理，确保表面无灰尘和杂物。灌浆时需均匀填充支座与垫石之间的缝隙，保证支座能够均匀承载梁体荷载。灌浆完成后，采取保湿养护措施，确保砂浆在硬化过程中保持适当的湿度，以提高其强度和耐久性。

（六）梁体连接与调平

简支梁安装完成后，施工人员对梁体之间的接缝进行连接处理。根据设计要求，梁体接缝处通常采用钢筋焊接、混凝土填充或橡胶止水带等方式进行处理，确保各梁段之间的连接牢固且防水性能良好。在桥面铺装前，施工人员还需对梁体进行调平操作。调平主要通过调整支座垫石的高度或在梁体与支座之间加设调整垫块来实现。调平作业需结合全桥的整体高程控制，确保桥面铺装完成后具有良好的平整度。

简支梁的安装施工是一个复杂且精细的过程，涉及的每个环节都对桥梁的结构安全和使用寿命产生重要影响。从安装前的准备工作到梁体的运输、吊装及最终的连接处理，施工单位需严格按照工艺流程进行操作，确保每个步骤的精度和质量。通过科学合理的工艺流程设计和高质量的施工管理，有效保障简支梁桥的安全性、耐久性以及后期的使用效果。

三、桥梁支座与伸缩装置的选择与安装

桥梁支座与伸缩装置是桥梁结构中不可或缺的重要构件，其作用是将桥梁上部结构的荷载传递至下部结构，并保证桥梁在温度、荷载、沉降等作用下的自由变形。支座的选择与安装质量直接影响桥梁的承载能力和安全性，而伸缩装置则关系到桥梁的变形与抗裂性能。

（一）桥梁支座的选择

桥梁支座是连接桥梁上部结构与下部结构的关键部件，其类型和性能需根据桥梁的结构形式、荷载条件、位移要求等因素进行合理选择。常见的桥梁支座主要包括固定支座、活动支座和减隔震支座等几种类型。

固定支座通常用于限制桥梁纵向和横向的位移，仅允许桥梁在垂直方向产生位移。活动支座则允许桥梁在纵向、横向或竖向等不同方向上自由变形，常用于应对桥梁由于温度变化、地基沉降等引起的位移。对于抗震要求较高的桥梁，施工中会选用减隔震支座，以减少地震荷载对桥梁结构的冲击。

支座的选择需综合考虑桥梁设计中的荷载分布情况以及桥梁的实际使用环境。对于大跨度或复杂结构桥梁，通常会使用多种类型的支座组合，以确保桥梁在各种外部条件下都能保持稳定性和安全性。

（二）支座的安装准备工作

支座的安装前期准备工作是保证施工顺利进行的基础，在支座安装之前，施工单位需对支座垫石进行全面的检查，确保其表面平整且标高符合设计要求。垫石的精度直接影响支座的安装精度及梁体的受力状况，因此垫石施工中需特别注意其水平度和标高的控制。

支座的安装前需对支座的各项性能参数进行核对，确保支座符合设计要求。施工单位还需准备专用的起吊设备，以便将支座稳妥地吊装至指定位置。在起吊过程中，应注意避免支座发生倾斜或撞击，以防止支座在安装前受到损坏。

（三）支座的安装工艺

支座的安装是一项精细的施工操作，需要严格按照设计图纸和技术规范进行。施工过程中，将支座准确放置在垫石上，确保支座的中心线与梁体纵轴线相吻合。对于活动支座，预留足够的位移空间，以保证桥梁在温度变化或其他荷载作用下能够自由变形。

支座安放后，对支座的水平度进行复核，确保支座在安装后的标高与设计标高相符。为了防止支座在使用过程中发生滑动或倾斜，通常需在支座的底部采用锚固装置进行固定。锚固装置的安装需结合支座的受力特点，合理分配锚固点的位置及数量，以保证支座受力均匀。

支座安装完成后，施工单位对其进行全面检查，确保支座的各项性能参数符合设计要求。支座安装的精度直接影响桥梁的整体平衡性及结构安全，因此每一个细节都需严格控制，确保支座安装的准确性。

（四）伸缩装置的选择

伸缩装置是用于调节桥梁在温度、荷载、地基沉降等因素作用下产生的变形，位于桥梁的两端或桥墩之间，保证桥面在各种环境条件下仍能正常使用。常见的伸缩装置类型包括模数式伸缩装置、梳齿板伸缩装置和钢制伸缩缝等。

模数式伸缩装置适用于中小跨度的桥梁，其结构简单，安装方便，能有效调节桥梁的温度伸缩。梳齿板伸缩装置多用于大跨度桥梁，具有良好的耐久性和较大的伸缩量，适应桥梁的大幅度变形需求。钢制伸缩缝则多用于重载交通桥梁，能有效承受车辆荷载冲击并具备较高的抗疲劳性能。

伸缩装置的选择根据桥梁的设计要求、交通荷载以及气候条件进行合理配置。施工单位需根据桥梁的跨度、变形量及环境因素，选择合适的伸缩装置，以保证桥梁在长期使用中的安全性和耐久性。

（五）伸缩装置的安装准备

在伸缩装置安装前，对安装位置进行精确测量和处理，确保桥面混凝土的强度达到设计要求，并清除安装区域内的杂物。安装前的准备工作主要包括桥面铺装前的清理工作、伸缩缝基座的平整度控制及预埋件的检查等。

伸缩装置的安装需要确保伸缩缝两侧的混凝土基座平整且牢固，基座标高应与设计标高一致，避免因伸缩缝与桥面高度差异过大，导致车辆行驶时的冲击加剧。对于特殊结构的桥梁，伸缩装置的安装区域还需预留一定的变形空间，以满足伸缩装置的工作需求。

（六）伸缩装置的安装工艺

伸缩装置的安装是确保桥梁使用寿命的关键步骤，施工单位严格按照技术规范进行操作。伸缩装置安装时，将其定位于设计位置，并确保其中心线与桥梁纵向线一致。伸缩装置的高度应与桥面标高保持一致，避免出现高度差引发的车辆冲击。

伸缩装置安装完成后，需进行预紧处理，确保伸缩装置在使用过程中能够承受车辆荷载及桥梁位移。预紧处理时，施工人员根据桥梁的使用条件及伸缩装置的设计要求，合理控制预紧力的大小。伸缩装置与桥面的连接处采用高强度的固定装置，以保证伸缩装置在长期使用中不发生位移或松动。

桥梁支座与伸缩装置的选择与安装是市政桥梁施工中的核心环节，直接关系到桥梁的结构安全性及使用寿命。通过合理选择支座与伸缩装置类型，并严格按照施工工艺进行安装，能够有效保证桥梁在荷载、温度、地基沉降等复杂工况下的稳定性和耐久性。施工过程中，需特别注意安装前的准备工作及安装过程中的精度控制，确保各部件的安装质量符合设计标准，从而为桥梁的长期使用提供可靠保障。

第三节　斜拉桥的结构体系和构造特点

一、斜拉桥的基本概念与结构体系

斜拉桥作为现代桥梁工程中的一种重要结构形式，因其独特的美学效果和卓越的力学性能，广泛应用于大跨度桥梁建设中。其结构体系主要通过桥塔、主梁和拉索的组合，形成自平衡系统，使桥梁具备承载力大、刚度高等优点。

（一）斜拉桥的基本概念

斜拉桥是一种通过多个斜拉索将桥塔与主梁相连的桥梁结构形式，斜拉索不仅承担桥面荷载，还起到支撑主梁的作用。斜拉桥最早起源于 20 世纪初，随着材料科学和施工技术的进步，斜拉桥的应用逐渐普及，并成为大跨度桥梁的重要选择之一。

斜拉桥的显著特点在于拉索的布置方式，通过在桥塔上设置多个斜拉索，拉索以一定的角度从塔顶或塔身引向主梁，承担主梁的垂直荷载。不同于悬索桥中桥面荷载通过悬索和锚固结构传递至塔身或锚碇，斜拉桥的荷载直接通过斜拉索传递至桥塔，再由桥塔传递至桥墩或地基。斜拉桥的结构体系具有较高的自重稳定性，能够有效承载较大的桥面荷载。由于斜拉索的作用，主梁的变形相对较小，桥面刚度大，行车舒适性较好。斜拉桥的外观具有强烈的视觉冲击力，常被作为城市景观桥梁使用。

（二）斜拉桥的结构体系

斜拉桥的结构体系主要由桥塔、斜拉索、主梁和支承结构组成，各部分共同协作，形成稳定的受力系统。桥塔是斜拉桥的核心承重构件，通常位于桥梁的中部或两侧，承担斜拉索传递的拉力。斜拉索则通过拉力将桥面荷载传递至桥塔，在桥塔和主梁之间起到连接作用。主梁则作为桥面的支撑结构，直接承载交通荷载，并通过斜拉索向桥塔传递应力。

1. 桥塔桥塔是斜拉桥的关键构件，其作用不仅是承载拉索传递的拉力，还承担了一部分由主梁传来的竖向荷载。桥塔的设计高度直接影响拉索的角度和受力效果，因此桥塔高度的选择需结合桥梁的跨径和荷载情况进行优化。常见的桥塔形式包括"A"型塔、H型塔和门式塔等，不同形式的桥塔在力学性能和美观性上有所区别。

桥塔的结构形式通常为钢筋混凝土或钢结构，需具备足够的刚度和强度，以承受斜拉索传递的集中荷载。为了提高桥塔的抗风和抗震能力，塔身往往采用空心截面，并设置必要的横隔板和纵隔板，以增加整体稳定性。

2. 斜拉索

斜拉索是斜拉桥中最显著的受力构件，直接承载主梁传递的竖向荷载。拉索的布置方式对桥梁的受力性能和刚度有显著影响，常见的拉索布置形式有扇形、径向和并列等几种。

斜拉索的材质通常采用高强度钢丝束或钢绞线，具有较高的抗拉强度和抗疲劳性能。为了防止拉索在长期使用过程中受到腐蚀，拉索外部常覆盖一层防护材料，如聚乙烯套管或金属防护层。拉索的内外部还需定期进行张力监测和维护，以确保其在使用过程中的稳定性。

3. 主梁

主梁是斜拉桥中承载桥面荷载的主要构件，通常采用钢结构、混凝土结构或钢－混凝土组合结构。主梁的刚度和强度直接影响桥梁的整体性能。由于斜拉索的支持，主梁的跨度可以较大，而变形相对较小。主梁不仅要承受交通荷载，还需传递斜拉索的拉力，因此主梁的截面形式和材料选择需根据桥梁的跨径和荷载条件进行优化设计。

主梁的截面形式通常为箱形梁或工字形梁，箱形梁具有较高的扭转刚度和抗弯能力，适用于大跨度桥梁。工字形梁则结构简单，制造和安装较为方便，适用于中小跨度桥梁。

4. 支承结构

支承结构包括桥墩、桥台及地基，起到支撑桥塔和主梁的作用。桥墩与桥台的布置需结合地质条件和桥梁的跨度进行设计，确保其具备足够的承载力和抗倾覆能力。地基处理是桥梁支承结构的重要环节，尤其是对于大型斜拉桥，地基的稳定性对桥梁的整体安全性至关重要。

（三）斜拉桥的受力特点

斜拉桥的受力特点与其独特的结构形式密切相关，拉索、主梁和桥塔形成一个复杂的力学系统，桥面荷载通过拉索直接传递至桥塔，使得桥塔承担较大的竖向和水平拉力，这种受力特点使得斜拉桥在跨越大跨度时能够保持较高的结构刚度和稳定性。

1. 自平衡体系

斜拉桥的拉索系统与主梁形成自平衡体系，拉索传递的拉力与主梁的反作用力相互抵消，从而减少了对桥墩和地基的压力。这一特点使得斜拉桥在大跨度桥梁中具备较大的优势，尤其在跨越深谷、河流等地形复杂的区域时，能够减少对桥墩的依赖，降低施工难度。

2. 主梁的减弯效果

斜拉桥的主梁通过斜拉索的支持，能够有效减小弯矩作用。由于拉索的张力将部分荷载直接传递至桥塔，主梁不必完全承担桥面的竖向荷载，从而减小了主梁的变形和弯曲应力。相较于其他类型的桥梁，斜拉桥的主梁刚度较大，行车舒适性较好。

3. 斜拉索的张力分布

斜拉索的张力分布随着桥面荷载的变化而发生调整。桥面上荷载分布不均时，拉索的张力会产生相应的变化，桥塔和主梁需共同承担这种变化带来的附加应力。因此，在斜拉桥的设计和施工过程中，需特别注意拉索的张力分布及其对结构的影响。

表 7－2　　　　　　　　　　　斜拉桥的受力特点

构件	受力特点
桥塔	主要承受斜拉索传递的拉力和桥面荷载，桥塔需具备较强的抗压和抗弯能力。
斜拉索	直接承载桥面的竖向荷载，通过拉索将荷载传递至桥塔，斜拉索张力受桥面荷载变化而动态调整。

构件	受力特点
主梁	承载交通荷载,并将荷载通过斜拉索传递至桥塔,受力主要为弯矩和剪力,受拉索支持变形较小。
桥墩与基础	承载通过桥塔传递的竖向荷载,需具有足够的承载力和稳定性以抵抗桥梁结构的垂直荷载和外部作用力。

斜拉桥作为一种优越的桥梁结构形式,因其独特的结构体系和显著的受力特点,得到了广泛应用。通过合理设计桥塔、斜拉索、主梁和支承结构,可以实现斜拉桥在大跨度桥梁中的卓越性能。斜拉桥的自平衡体系和减弯效果使其在承载力、稳定性和经济性方面具备明显优势。斜拉桥的设计和施工需结合结构受力特点,确保桥梁在长期使用中的安全性和耐久性。

二、斜拉桥的施工方法与流程概述

斜拉桥的施工方法与传统的桥梁施工工艺有所不同,受其复杂的结构体系和大跨度特点的影响,施工技术要求较高,涉及到桥塔的建设、斜拉索的张拉、主梁的拼装等多道工序。科学合理的施工流程不仅能够保障斜拉桥的结构安全,还能提高施工效率,节省成本。

(一)施工前的准备与规划

斜拉桥的施工前期准备工作是保障整个工程顺利进行的基础,由于斜拉桥的结构复杂且施工周期较长,施工前的全面规划显得尤为重要。在施工准备阶段,施工单位根据设计图纸编制详细的施工方案,涵盖施工工序、设备调配及人力资源安排等内容。

对施工场地进行勘察和处理,确保地基稳固。桥塔及桥墩的基础开挖工作应按照地质条件进行,并结合工程需求确定开挖深度。施工过程中还需考虑施工期间的交通组织和周边环境的保护措施,以减少对周围区域的干扰。施工材料如钢筋、混凝土、钢结构构件等应提前进场并进行质量检验,确保材料符合设计标准。

施工设备的准备也十分关键,包括大型吊装设备、张拉设备、滑移装置等，需根据桥梁的跨径和结构特点选择合适的设备型号。施工单位还需制定详细的施工进度计划，合理安排各工序的时间节点，以确保工程顺利推进。

（二）桥塔施工

桥塔是斜拉桥的主要承重结构，其施工精度和质量对整个桥梁的安全性和耐久性具有重要影响。桥塔通常采用钢筋混凝土结构或钢结构，施工方法主要包括支模现浇和节段拼装两种。

支模现浇法常用于混凝土桥塔施工，在施工过程中，施工单位需分段进行混凝土浇筑，每段浇筑高度需根据塔身设计进行控制。塔身模板安装应保持精确的水平和垂直度，以确保桥塔的线形符合设计要求。混凝土浇筑时应采取分层浇筑与振捣措施，以避免混凝土出现空隙或不均匀问题。

对于钢结构桥塔，通常采用节段预制拼装的方法。施工单位先在工厂进行塔身节段的预制，然后将各节段运输至施工现场进行吊装和拼接。在拼接过程中，精确控制每个节段的垂直度和线形，同时对焊缝进行无损检测，确保焊接质量达到要求。

（三）斜拉索的安装与张拉

斜拉索的安装与张拉是斜拉桥施工中的核心环节，拉索不仅直接承载桥面荷载，还决定了主梁的受力情况和结构稳定性。斜拉索的安装通常在桥塔和主梁完成一定施工后进行，施工单位需根据设计要求确定拉索的安装顺序和张拉力度。

在拉索安装前，对拉索的长度和张力进行精确测量，确保其符合设计要求。拉索的安装可采用吊索法或牵引法进行，吊索法适用于较短的拉索，而牵引法则适合于长索。在安装过程中，应确保拉索与桥塔和主梁的连接点固定牢固，并避免拉索在运输或吊装过程中发生扭曲或损伤。

拉索的张拉过程需要分阶段进行，通常采用多次张拉的方法逐步施加张力，以减少对结构的冲击和变形。在每次张拉后，施工人员需对拉索的受力情况和主梁的变形量进行监测，并根据监测结果进行后续的调整操作。张拉完成后，应对拉索的张力进行最终检查，确保其符合设计规范的要求。

（四）主梁的拼装与安装

主梁是斜拉桥的承载构件，其安装与拼装工艺直接影响桥梁的整体性能。主梁的安装方法通常根据桥梁的跨度和结构形式确定，常用的施工方法包括悬臂拼装法、顶推法和吊装法等。

悬臂拼装法适用于大跨度斜拉桥，施工时从桥塔向两侧对称拼装梁段。每个梁段通过起重设备吊装到位后，与已安装的梁段进行焊接或螺栓连接。拼装过程中应严格控制梁段的对接精度，避免出现错位或变形。顶推法通常用于中小跨度桥梁施工，主梁在预制场地完成预制后，通过液压设备逐段向前顶推至设计位置，整个过程需要确保梁段平稳滑移，避免梁体变形或损伤。

主梁的拼装过程中，施工单位需对梁体的线形进行实时监测，确保主梁在各个施工阶段都保持设计要求的线形。特别是在拉索安装后，主梁会由于拉索的张拉力发生变形，施工人员需根据拉索的张力调整主梁的位置和角度，确保桥面的平整度。

（五）桥面铺装与附属设施安装

主梁安装完成后，施工进入桥面铺装和附属设施的安装阶段。桥面铺装包括防水层、沥青混凝土面层或钢桥面铺装，施工时需确保桥面平整，避免车辆行驶过程中产生不适感。铺装材料的选择需根据桥梁的设计荷载和气候条件进行，确保其具备足够的耐久性和抗压能力。

附属设施的安装包括防撞护栏、排水系统和照明设备等。在护栏安装过程中，需确保护栏的高度和位置符合设计标准，同时考虑其对行车安全的保护作用。排水系统的设计和施工则需确保雨水能够及时排出，避免积水影响桥梁的使用寿命。照明设备的布置考虑桥梁的整体美观性和功能性，以保障夜间交通的安全性。

（六）施工过程中的监测与质量控制

斜拉桥施工过程中需实施全过程监测与质量控制，确保施工精度和结构安全性。施工监测包括桥塔沉降监测、主梁变形监测和拉索张力监测等，通过实时监控关键构件的受力情况和变形量，及时调整施工工艺，避免结构超载或发生变形。

质量控制是施工管理的重要环节，需对每道工序进行严格的质量检查。

特别是在混凝土浇筑、钢结构焊接和斜拉索张拉等关键环节，施工单位需采用无损检测、试验等手段，确保构件和材料符合设计要求。最终质量验收时，按照设计标准和规范对桥梁的各项指标进行全面检查，确保其达到设计预期。

斜拉桥的施工方法和流程是一个系统工程，涵盖从桥塔建设、斜拉索安装与张拉、主梁拼装到桥面铺装等多个环节。科学的施工规划与高效的施工组织是保证斜拉桥安全性和耐久性的关键。通过精确的监测与严格的质量控制，有效确保斜拉桥在复杂受力条件下的结构稳定性，提升桥梁的使用寿命与运营安全。

第四节　斜拉桥的施工方法

一、斜拉桥索塔施工方法与技巧

索塔是斜拉桥的核心结构之一，承载着斜拉索的全部拉力，并将其传递到下部结构。索塔不仅支撑桥面荷载，还要抵抗风力、地震等外部作用力，因此施工质量至关重要。斜拉桥索塔的施工具有一定的复杂性和技术要求，涉及的工序多，精度要求高，尤其在高塔施工中，工艺的合理性和施工技巧的运用决定了索塔的结构安全性和耐久性。

（一）索塔基础施工

索塔基础是承载整个塔身重量和斜拉索拉力的基础构件，其施工质量直接关系到索塔的整体稳定性与安全性。根据桥址的地质条件和设计要求，索塔基础常采用扩大基础、桩基或沉井基础。

1. 扩大基础

在地质条件较好、承载力较高的地基上，索塔基础采用扩大基础。这种基础施工较为简单，通常通过挖掘基坑、浇筑混凝土和设置钢筋网格完成。在施工过程中，需确保基坑开挖深度和混凝土强度满足设计要求。为防止基础沉降不均，混凝土浇筑应连续进行，避免产生施工缝。

2. 桩基施工

当地基承载力较差时,常采用桩基基础,以增加索塔的稳定性。桩基施工方法包括钻孔灌注桩和预制桩,施工过程中需严格控制桩位和桩身的垂直度。在灌注桩施工中,混凝土的浇筑速度应均匀,以防止泥浆污染或桩身空隙。桩基施工完成后,需通过承载力测试,确保桩基满足设计荷载要求。

3. 沉井基础

在软弱土层或水下施工时,沉井基础是一种常用的基础形式。沉井基础的施工过程包括沉井制作、下沉、封底和基础处理等步骤。施工时,需通过调整井室内部的重力和压力,控制沉井的下沉速度和方向,确保沉井按照设计要求平稳沉入到指定位置。封底时需注意混凝土的浇筑质量,防止出现渗漏或开裂。

（二）索塔塔身施工

索塔塔身是斜拉桥中最重要的承重结构,其施工精度决定了索塔的垂直度和整体受力状态。塔身施工常采用分段浇筑的现浇混凝土法或钢结构拼装法。

1. 现浇混凝土法

现浇混凝土法是斜拉桥索塔施工中常见的方式之一,在施工过程中,塔身通常采用分段浇筑的方式,每段浇筑高度由塔身设计高度和施工技术条件决定。模板的安装和固定是塔身施工中的关键环节,模板的刚度和稳定性直接影响塔身的垂直度和表面质量。在浇筑混凝土时,需通过分层振捣的方式,确保混凝土密实、无空洞。

塔身施工中需设置预应力孔道或斜拉索锚固槽,因此预埋件的安装和定位至关重要。在每段塔身施工完成后,需对塔身的几何尺寸、垂直度和混凝土强度进行检测,确保施工质量符合设计要求。

2. 钢结构拼装法

对于一些特殊斜拉桥,索塔采用钢结构塔身,钢结构塔身通常通过工厂预制,然后在施工现场进行拼装。塔身节段在拼装过程中需使用大型起重设备进行吊装,吊装时应严格控制节段的平衡和位置,确保塔身拼装后的垂直度和稳定性。

钢结构拼装法中，焊接质量是关键控制点。塔身各节段之间的连接通常采用高强度螺栓或焊接工艺，焊接完成后需通过无损检测方法，如超声波检测或射线检测，确保焊缝质量符合设计要求。钢结构塔身需进行防腐处理，通常在工厂预涂一层防腐涂料，在现场拼装后再进行修补涂装，确保其在长期使用中不受腐蚀。

（三）索塔施工中的爬模技术

随着斜拉桥跨度的不断增大，索塔高度也逐渐增加。高塔的混凝土现浇施工中，爬模技术是一种高效、安全的施工工艺。爬模技术能够随着塔身高度的增加自动爬升，大幅度提高施工效率，同时保证施工过程中的安全性和精度。

爬模施工的关键在于模板的安装和爬升控制，模板的安装应确保其与塔身表面贴合紧密，防止混凝土浇筑时漏浆。每次爬升前需对爬模系统进行检查，确保其支撑和爬升机构的可靠性。浇筑过程中，施工人员需及时调整模板高度，确保每次浇筑的混凝土高度和质量一致。

（四）斜拉索锚固区施工

斜拉索锚固区是索塔施工中的重要环节，锚固区需承受巨大的拉力，因此施工中的预埋件安装和混凝土强度控制至关重要。锚固区通常采用高强度混凝土浇筑，施工时需确保预埋钢筋和锚固装置的位置精确，以保证斜拉索在受力时拉力均匀传递至塔身。

锚固区的混凝土浇筑过程中，施工人员应进行多次振捣，确保混凝土密实度达到设计要求。浇筑完成后，需对锚固区进行养护，防止混凝土在早期失水而产生裂缝。锚固区的预埋件安装完成后，需通过张拉试验检验其受力性能，确保斜拉索的锚固效果。

（五）施工过程中的质量控制与监测

斜拉桥索塔施工过程中，质量控制和监测是保证施工安全和结构质量的关键。施工人员需按照设计要求进行施工，并在每个关键节点进行质量检查。

1. 几何尺寸和垂直度控制

在塔身施工中，需实时监测索塔的几何尺寸和垂直度。通过全站仪、激光测距仪等设备对塔身的垂直度进行测量，及时调整施工过程中的偏差，确保塔身保持设计的几何形状。

2. 混凝土强度检测

对于现浇混凝土索塔，混凝土强度是质量控制的重点。每次混凝土浇筑完成后，施工单位需通过取样试验检测混凝土的抗压强度，确保混凝土达到设计要求。同时通过裂缝检测、超声波检测等手段监测混凝土的密实度和均匀性。

3. 结构健康监测

在高塔施工过程中，需设置结构健康监测系统，实时监测塔身的应力、位移和振动情况。通过传感器和监测设备，施工人员可以及时了解塔身的受力状态和变形情况，确保塔身结构在整个施工过程中处于安全状态。

斜拉桥索塔的施工方法与技巧是保障斜拉桥安全性和稳定性的核心环节，通过合理选择基础形式、科学安排塔身施工工艺以及应用先进的爬模技术，能够有效提升索塔施工的质量和效率。在锚固区施工、混凝土强度控制和结构监测等方面加强质量管理，可以确保斜拉桥索塔具备优异的力学性能和长期使用的安全性。

二、斜拉桥主梁施工方法与流程

斜拉桥的主梁是承载桥面荷载的核心结构，也是连接索塔和斜拉索的关键部件。由于斜拉桥主梁的跨度大、结构复杂，施工过程中需要采用科学的施工方法和流程，保证其受力状态的稳定和施工精度。主梁施工方法多样，包括悬臂拼装法、顶推法、吊装法等，具体选择需根据桥梁设计、施工现场条件以及主梁结构形式来确定。

（一）悬臂拼装法

悬臂拼装法是斜拉桥主梁施工中最常见的施工方法之一，尤其适用于大跨度桥梁。该方法通过从桥塔向两侧对称地悬臂拼装梁段，逐步完成主梁的拼装与合龙。这种施工方法可以有效减少对下部支撑结构的依赖，特别适合跨越江河或交通繁忙地区的桥梁建设。

1. 拼装准备

在主梁拼装前，施工单位提前进行梁段的预制和运输。梁段通常在工厂内预制，并通过大型运输工具运输至施工现场。在梁段到达现场后，进行质量检查，确保梁段的尺寸、预埋件和连接孔洞等与设计要求一致。

拼装前还需对起重设备和拼装平台进行安装与调试，由于主梁拼装精度要求高，起重设备具备较高的吊装精度，并在起吊过程中保持稳定，避免梁段发生晃动或偏移。

2. 梁段拼装

悬臂拼装过程中，需按照从桥塔向外的顺序依次拼装梁段。每个梁段拼装时，需通过吊装设备将其吊起，并通过定位装置准确放置在设计位置上。施工人员需对梁段进行连接，包括钢筋绑扎、螺栓连接或焊接等方式，确保梁段与已拼装部分紧密结合。

拼装过程中，对梁段的平面位置和高度进行实时测量，确保梁体保持设计的线形。为了避免梁段拼装时产生过大的应力集中，通常会同步张拉斜拉索，以减小梁段的变形和位移。

3. 合龙段施工

当两侧的悬臂拼装段完成后，主梁的最后一部分是合龙段的拼装。合龙段的施工对精度要求极高，通常采用临时支撑或调整拉索张力的方式确保合龙段与两侧梁段准确对接。施工过程中需严格控制合龙段的尺寸和拼接角度，确保主梁线形的连续性和整体性。

（二）顶推法

顶推法是一种用于中小跨度斜拉桥主梁施工的有效方法，该方法通过在桥梁一侧的拼装场地预制主梁，然后利用液压千斤顶逐段将梁体向前顶推至设计位置。顶推法适合地形平坦、施工场地有限的项目，减少对河道或交通的干扰。

1. 顶推准备

顶推法施工前，需在桥墩上设置滑道或轨道，以便主梁能够平稳向前顶推。滑道通常由钢板制成，并在表面涂抹润滑剂以减少摩擦力，确保梁体能够顺利滑动。在桥墩顶部安装顶推装置，顶推装置应具备足够的推力，能够承受梁体的重量和摩擦阻力。

主梁的预制工作需在桥头的拼装场地进行，梁段应按顺序进行拼装，确保每个梁段的对接精度。拼装时，梁段的焊缝质量和螺栓连接的紧固情况，确保梁体的整体刚度和强度。

2. 顶推施工

顶推施工时，通过液压千斤顶逐步将主梁推向桥塔方向。在每次顶推过程中，严格控制顶推速度和推力，避免梁体发生扭曲或变形。顶推过程中，还需实时监测梁体的水平度和垂直度，确保梁体沿滑道平稳推进。

顶推到达设计位置后，需对主梁进行定位和固定，确保主梁的精确就位。顶推完成后，还需对滑道和顶推装置进行检查和维护，确保施工设备的正常使用状态。

3. 张拉斜拉索

顶推法施工中的一个重要环节是斜拉索的张拉，主梁在逐段顶推过程中，斜拉索需同步张拉以减小主梁的受力，保持主梁线形的稳定。张拉过程需分阶段进行，每次顶推完成后，需对斜拉索进行调整和张拉，确保主梁与斜拉索之间的受力平衡。

（三）吊装法

吊装法主要适用于钢结构主梁或大跨度的斜拉桥，在吊装法中，主梁通过大型吊装设备吊起，并直接安装到设计位置。吊装法施工快捷，适合需要快速建桥的项目，但对吊装设备和现场条件有较高要求。

1. 吊装准备

在吊装施工前，需对主梁进行预制和质量检查，确保梁段符合设计要求。吊装设备的选择根据主梁的重量和现场条件确定，通常采用大型履带吊或浮吊设备。吊装前，需对吊装点进行加固和支撑，确保吊装过程中的安全性和稳定性。

2. 吊装施工

吊装施工时，将梁段吊起至设计高度，并通过水平移动将梁段准确放置到支撑结构上。在吊装过程中，保持梁段的平衡，防止梁体晃动或倾斜。在梁段就位后，需进行梁段的固定和拼装，确保主梁连接处的强度和稳定性。

吊装施工完成后，还需对主梁的线形进行调整，特别是斜拉索的张拉和调整过程，确保主梁与索塔之间的受力均衡，避免产生过大 3. 的附加应力。

（四）施工中的质量控制

无论采用何种施工方法，斜拉桥主梁施工中的质量控制都是确保桥梁安全和耐久性的关键环节。施工过程中，需加强对材料、施工工艺和结构线形的质量检测，确保每道工序的精确执行。

1. 材料质量控制

主梁施工中，钢材、混凝土等材料的质量对结构的安全性至关重要。施工单位需对所有进场材料进行检验，确保材料的物理性能和化学成分符合设计标准。对于钢结构主梁，需对焊缝进行无损检测，确保焊接质量符合要求。

2. 结构线形控制

主梁的线形直接影响桥梁的受力性能和行车舒适度，施工过程中，实时监测主梁的线形变化，确保主梁在每个施工阶段都保持设计的线形。通过全站仪、激光测距仪等设备对梁体的垂直度、水平度进行测量，并根据测量结果及时调整施工工艺。

3. 斜拉索张力控制

斜拉索的张力控制是确保主梁受力平衡的关键，施工中，通过张力监测设备对斜拉索的受力情况进行实时监控，确保斜拉索的张力分布符合设计要求。张拉过程中，需分阶段逐步施加张力，避免过大的瞬时应力对主梁和索塔产生不利影响。

斜拉桥主梁施工是一项复杂而精细的工程，需要结合桥梁的设计特点和施工现场条件，选择合适的施工方法。通过悬臂拼装法、顶推法、吊装法等多种施工工艺的灵活运用，能够有效保障主梁的施工质量和施工效率。在施工过程中，严格的质量控制和精确的监测措施，是保证桥梁安全性和耐久性的关键。在每个施工阶段，施工单位需紧密结合设计要求，确保主梁施工的每一个细节都符合规范，从而确保斜拉桥的整体结构性能和使用寿命。

三、斜拉桥斜拉索安装与张拉技术

斜拉桥作为现代桥梁工程中的重要结构形式，其关键受力构件之一便是斜拉索。斜拉索不仅直接承载主梁的荷载，还将桥面荷载传递至索塔，确保桥梁的整体稳定性。斜拉索的安装与张拉技术是斜拉桥施工中的核心环节。斜拉索安装和张拉的质量，直接关系到桥梁的安全性、使用寿命以及结构受力的合理性。

（一）斜拉索的安装准备

在斜拉索安装前，施工准备工作至关重要，包括拉索的生产与运输、锚固装置的安装以及施工设备的准备。斜拉索的材料多为高强度钢丝或钢绞线，在进入施工现场前需经过严格的质量检验，确保其抗拉强度、疲劳性能和防腐能力符合设计要求。

斜拉索在工厂进行预制，按照桥梁设计要求生产出不同长度、规格的拉索。每根拉索出厂前需进行力学性能测试，确保其强度符合设计标准。由于拉索较长且易受运输中的摩擦和碰撞影响，运输时需采取特殊的保护措施。运输过程中，拉索应放置在专用的运输装置上，并采用防护套进行包裹，避免拉索表面受损锚固装置是连接斜拉索与索塔或主梁的关键部件，安装锚固装置时，确保锚固点的位置精确，并严格按照设计图纸进行预埋和安装。对于钢筋混凝土塔身的锚固装置，需提前预埋钢筋和锚具孔道，确保锚固装置在浇筑混凝土时不会发生位移或变形。斜拉索的安装需依赖于专用的吊装设备和张拉设备，常见的吊装设备包括起重机或滑移装置，张拉设备则多采用液压千斤顶。在施工前，对吊装和张拉设备进行全面检查和调试，确保设备运行正常，具备足够的负载能力和精度。张拉设备还需进行压力校准，确保张拉过程中力的输出准确。

（二）斜拉索的安装过程

斜拉索的安装是一项精细的工作，涉及吊装、定位、连接等多个环节。拉索的安装过程需根据桥梁的结构和设计要求分阶段进行，并与主梁的拼装施工紧密配合。

拉索的吊装过程通常通过起重机或牵引设备进行，在吊装前，根据设计图纸确定每根拉索的吊装顺序和起吊位置，确保吊装过程有条不紊。吊装过程中，施工人员需随时监测拉索的吊装状态，保持拉索在吊装过程中的平稳，避免拉索在空中发生扭曲或打结。拉索吊装至指定位置后，需通过定位装置对拉索进行初步定位，确保拉索的角度和高度符合设计要求。吊装过程中，还需防止拉索与周围结构或其他拉索发生碰撞，以免拉索表面受损。

拉索吊装到位后，施工人员需将拉索固定在索塔或主梁的锚固装置上。固定时，需根据拉索的设计张力预留足够的长度，确保后续张拉时能够调整张力。固定过程中，需确保拉索与锚固装置的连接处紧密无缝，避免因连接不当导致张拉过程中出现松动或位移。对于采用钢绞线或平行钢丝的斜拉索，固定过程中还需检查每根钢绞线或钢丝的受力状态，确保所有钢丝均匀受力，避免部分钢丝提前失效。

（三）斜拉索的张拉技术

斜拉索的张拉是确保斜拉桥结构稳定的重要步骤，通过张拉，拉索逐步承担主梁的荷载，并将应力传递至索塔和桥墩。张拉过程中需要精确控制张力，确保每根拉索均匀受力。

斜拉索的张拉通常分为多个阶段进行，以逐步施加张力，避免一次性张拉导致结构变形或应力集中。张拉开始前，施工人员需确定每阶段的张拉目标，并通过张拉设备逐渐施加张力。在每次张拉后，需对拉索的张力进行测量，并结合桥梁的变形量进行调整。分阶段张拉还需与主梁的拼装过程配合进行，当主梁逐段拼装完成后，施工人员需对相应的拉索进行张拉，以减小主梁的变形，保持桥梁的线形稳定。通过分阶段、多次张拉，逐步平衡主梁和斜拉索之间的受力状态。

在张拉过程中，实时监测是确保张拉质量的关键。施工单位需通过力传感器和位移传感器对斜拉索的受力情况进行监测，确保每根拉索的张力均匀且符合设计要求。对主梁的变形量、索塔的位移和拉索的受力角度进行检测，以防止由于张拉不均导致桥梁结构的局部变形或失稳。根据监测结果，施工人员需对拉索张力进行必要的调整。张拉过程中，如发现拉索的实际张力与设计值存在较大偏差，需通过张拉设备进行再张拉或回退操作，确保最终张力符合要求。

张拉完成后，对斜拉索的受力状态进行最终检查和验收。施工单位需通过无损检测设备检查拉索的张力是否达到设计要求，并检查拉索表面是否存在损伤。验收过程中，还需对拉索与锚固装置的连接处进行全面检查，确保连接处无松动、变形等现象。验收合格后，拉索张拉过程方可结束，施工单位需进行相关记录，确保施工过程可追溯。

（四）斜拉索的防护与维护

斜拉索的防护与维护是保证桥梁长期安全使用的重要措施，斜拉索长期暴露在外，易受环境因素影响，如风、雨、温度变化等，因此需采取有效的防护措施。

斜拉索通常采用防腐涂层或包覆材料进行防护，防止钢丝或钢绞线在长期使用中受到腐蚀。常见的防腐材料包括聚乙烯护套、不锈钢外套等，施工过程中需确保防护层的完整性和密封性，避免水分或空气进入拉索内部。斜拉索在投入使用后，需进行定期检测与维护。检测内容包括张力监测、防护层的检查以及锚固装置的检查。通过定期检测，及时发现拉索的疲劳损伤、锚固装置的松动或防护层的破损，确保斜拉索在长期使用中的安全性。

斜拉索的安装与张拉是斜拉桥施工中的核心环节，其技术要求高，施工复杂。通过科学的安装方法和分阶段张拉技术，能够有效保证拉索的受力均匀性，确保桥梁结构的稳定性与安全性。施工中应加强对设备的监控、张拉过程中的实时监测以及张拉后的验收和维护，从而确保斜拉桥的长期使用寿命。斜拉索的安装与张拉是一个精细化的过程，施工单位需严格按照设计要求操作，保证桥梁结构的整体性能达到预期目标。

第八章　其他市政桥梁工程施工

第一节　拱桥施工

一、拱桥的基本概念与构造特点

拱桥作为古老而经典的桥梁形式，在市政桥梁工程中具有重要的应用历史。其独特的受力方式和构造特点使其在跨越河流、峡谷等复杂地形时具备显著的优势。拱桥主要通过拱圈承受桥面荷载，并将荷载转化为轴向压力传递至桥台或桥墩。随着材料科学与施工技术的进步，现代拱桥在结构设计和施工工艺上有了长足的发展。

（一）拱桥的基本概念

拱桥是一种通过拱形结构将桥面荷载转化为轴向压力的桥梁形式，拱桥的承重结构主要由拱圈、桥墩、桥台以及桥面系组成，荷载通过拱圈向下传递至桥台或桥墩，并通过基础传递到地基。由于拱圈结构将荷载分散为水平推力和竖向压力，拱桥的结构稳定性较高，尤其适合跨越较大的跨度和复杂地形。

拱桥的基本概念可以追溯到古代，在没有现代材料和施工设备的条件下，拱形结构因其良好的自稳性和对材料抗拉强度要求低而被广泛应用。现代拱桥的设计与施工基于这一原理，结合钢筋混凝土和钢结构的使用，极大提高了拱桥的承载能力和耐久性。拱桥根据结构形式可以分为石拱桥、钢筋混凝土拱桥和钢结构拱桥三类。不同材质的拱桥在施工工艺和力学性能上有

199

所区别，但其基本工作原理是一致的，即通过拱形结构将荷载转化为水平推力和竖向力，避免结构受拉。

（二）拱桥的构造特点

拱桥的构造特点集中体现在其独特的受力方式、拱圈结构以及桥墩和桥台的设置上。相比于其他类型的桥梁，拱桥在受力上具有明显的优势，尤其是在抗压和抗弯性能方面。

1. 拱圈结构

拱圈是拱桥的核心承重构件，其形状通常为弧形或抛物线形。拱圈结构将桥面荷载分散为竖向压力和水平推力，荷载通过拱圈直接传递到桥台和桥墩。拱圈的几何形状对桥梁的受力状态和稳定性有着直接影响，合理的拱圈设计可以有效减小结构的应力集中，提高桥梁的整体强度。

现代拱桥的拱圈可以采用钢筋混凝土、预应力混凝土或钢结构，材料的选择取决于桥梁的跨度、荷载要求以及施工环境。钢筋混凝土拱圈因其造价相对较低且施工技术成熟，成为市政桥梁建设中应用最广泛的结构形式。预应力混凝土拱圈则适用于大跨度桥梁建设，其优点在于减少了拱圈的自重和变形，显著提高了结构的承载能力。

2. 桥墩与桥台

拱桥的桥墩和桥台承担着拱圈传递的竖向压力和水平推力，因此其设计和施工要求较高。桥墩和桥台的基础需具备足够的承载力和稳定性，以防止由于水平推力过大而导致的基础失稳或桥梁下沉。

桥墩的截面形状多为矩形或圆形，需根据河流宽度、流速和地质条件进行设计。桥台通常设置在河岸或峡谷两端，用于抵抗拱圈产生的水平推力。桥台的基础深度需根据地质条件进行优化，确保桥台在长期使用过程中具备足够的抗沉降能力。

3. 水平推力

拱桥在承载荷载时产生的水平推力是其构造特点之一，这种水平推力通过拱圈传递至桥台或桥墩，需要通过加固基础或增加支撑结构来抵抗推力。现代拱桥通常通过加设抗推桩、加厚桥台基础等方式来解决水平推力对结构的影响。对于跨度较大的拱桥，设计中还会通过预应力技术减小拱圈的水平推力，增强桥梁的稳定性。

4. 桥面系

桥面系包括桥面板、护栏和排水系统，主要用于支撑车辆、行人荷载，并提供良好的行车舒适性。桥面板通常采用钢筋混凝土结构，铺设在拱圈顶部，桥面系的设计需考虑排水、防滑以及防腐等要求。护栏的设计需具备足够的抗冲击能力，以保障行车安全。

（三）拱桥的受力特点

拱桥的受力特点与其独特的结构形式密切相关。拱圈结构通过将荷载转化为竖向压力和水平推力，有效减少了结构的抗拉需求，使得拱桥在抗压性能方面表现出色。拱桥的整体刚度较大，能够有效抵抗风力、地震等外部作用力，同时拱桥的弯矩和剪力较小，桥面变形相对较小，行车舒适性较好。

1. 轴向压力

拱桥的主要受力形式为轴向压力，荷载通过拱圈传递至桥台或桥墩，形成向下的竖向力。拱圈的形状和材料决定了其抗压能力，合理的拱圈设计能够有效分散荷载，减小局部应力集中。

2. 水平推力

水平推力是拱桥的另一重要受力特点。拱圈在承受竖向荷载时会产生水平推力，这种推力需通过桥墩或桥台进行抵抗。如果水平推力过大，导致桥墩失稳或桥台基础下沉，因此在设计中需通过加强基础或增加抗推结构来应对这种受力。

3. 抗弯性能

由于拱桥的拱圈结构有效分散了桥面荷载，因此拱桥的主梁和桥面板承受的弯矩较小。相比其他桥型，拱桥的抗弯性能较强，桥面变形较小，行车舒适度较高。此外，拱圈的结构特性使其具备较高的抗震性能，能够在地震等灾害中保持较好的结构稳定性。

4. 抗剪能力

拱桥的受剪力较小，这得益于拱圈的结构设计。桥面荷载通过拱圈传递，剪力的分布相对均匀，因此拱桥的剪力集中较少，能够有效降低局部结构的应力集中问题。特别是在钢筋混凝土拱桥中，钢筋的配置能够进一步增强其抗剪能力。

表 8-1 拱桥的构造特点

构造部件	构造特点
拱圈	拱桥的主要承重结构，将桥面荷载转化为水平推力和竖向压力，传递至桥台和桥墩。
桥墩	承载拱圈传递的荷载，通常设计为矩形或圆形截面，需具备足够的抗压和抗弯能力。
桥台	用于抵抗拱圈的水平推力，通常位于桥两端，基础需具备足够的抗滑移能力。
基础	承载拱圈和桥墩传递的荷载，需根据地质条件选择适当的加固方式，如桩基或沉井。
桥面系	包括桥面板、护栏和排水系统，确保桥面荷载的均匀分布，并提供行车安全和排水功能。

拱桥作为一种经典的桥梁结构形式，凭借其独特的构造特点和优越的受力方式，广泛应用于市政桥梁工程中。拱圈结构通过将荷载转化为竖向压力和水平推力，有效分散了荷载，减少了结构的抗拉要求，使得拱桥具备较高的抗压性能和结构稳定性。桥墩和桥台的设计在承载水平推力和竖向力方面起到了至关重要的作用，而桥面系则为行车提供了良好的行驶条件。在未来的桥梁建设中，拱桥将继续发挥其优势，为市政交通设施提供重要支撑。

二、拱桥的施工方法与流程

拱桥因其结构特点和优越的受力方式，成为市政桥梁工程中的重要结构形式之一。拱桥施工的关键在于拱圈的建造，其施工方法和流程的合理性直接关系到桥梁的质量和安全性。拱桥施工涉及多个阶段，每个阶段都需精确执行，以确保施工的顺利进行和桥梁的最终稳定性。

（一）基础施工

拱桥的基础施工是整个工程的第一步，其质量直接影响桥梁的整体稳定性。由于拱桥承受较大的竖向荷载和水平推力，基础必须具备足够的承载力和抗滑移能力。

在基础施工之前，根据桥梁设计的基础深度和地质条件进行基坑开挖。开挖过程中，注意地基的稳定性，特别是在软弱土层或水文条件复杂的地段，采取适当的支护和排水措施，防止基坑坍塌或积水。开挖过程中还应实时监测地基的土质情况，确保实际土质与设计地质报告相符，如发现异常情况，需及时调整基础设计。

基础的加固包括对软弱土层进行处理，以增强其承载力。常用的加固方法包括桩基、沉井和扩大基础等。在桩基施工中，采用钻孔灌注桩或预制桩，根据地质条件选择适宜的桩长和桩径。沉井施工适用于水下基础，通过井室下沉至设计标高后进行封底和加固。在完成基础加固后，进行混凝土浇筑，确保基础的强度和耐久性。

（二）拱圈施工

拱圈是拱桥的主要承重结构，其施工质量决定了桥梁的承载能力和结构稳定性。拱圈施工可采用支架法、缆索吊装法或无支架施工法，不同的方法适用于不同跨度和施工条件的拱桥。

1. 支架法施工

支架法是拱圈施工中最常用的一种方法，适用于中小跨度的拱桥。施工前需搭设临时支架，支架通常由钢管或木材搭建，需确保支架具备足够的刚度和稳定性，能够承载施工过程中产生的荷载。支架的搭设需精确按照设计图纸进行，并通过水平和垂直测量确保支架的线形和标高与设计一致。

在支架搭设完成后，开始进行拱圈钢筋的绑扎和混凝土的浇筑。钢筋的绑扎需严格按照施工规范进行，确保钢筋的间距、弯曲半径和连接方式符合设计要求。混凝土的浇筑则需分段进行，每段的浇筑高度应根据拱圈的设计厚度确定，确保混凝土的密实度和均匀性。

2. 缆索吊装法

缆索吊装法适用于大跨度或深谷中的拱桥施工，能够减少对下部支撑结构的依赖。施工时，在桥梁两端设置塔架，并通过缆索系统吊装拱圈预制构件。缆索吊装法对施工精度要求较高，每次吊装后需对拱圈的线形和位置进行精确测量和调整。

拱圈的预制构件通常在场外完成，并通过运输设备运至施工现场。吊装过程中，需保证构件平稳移动，并通过锚固装置将构件固定在设计位置上。拼装时，需确保构件之间的接缝紧密，防止后续使用过程中出现渗水或裂缝。

3. 无支架施工法

无支架施工法主要用于预应力混凝土拱桥或小跨度拱桥，施工时无需搭设临时支架。该方法通过预应力钢索的张拉将拱圈构件直接拼装到位，利用拱圈自重形成的稳定性抵抗施工荷载。无支架施工法施工速度较快，但对拱圈的拼装精度要求较高，需在拼装过程中实时监测构件的位移和受力状态。

（三）拱桥合龙段施工

拱桥的合龙段是整个拱圈施工的最后一步，合龙段的质量直接影响桥梁的整体受力状态和结构稳定性。合龙段施工需在拱圈的两侧拼装完成后进行，施工前需对合龙段的尺寸、位置和温度条件进行综合分析和调整，确保合龙段能够与两侧拱圈顺利拼接。

合龙段施工通常选择在温度相对稳定的时间段进行，避免由于温度变化引起的拱圈变形。合龙时，需在合龙段两侧设置临时支撑装置，确保合龙段拼接时不会发生位移或沉降。合龙完成后，需立即进行混凝土浇筑或钢筋焊接，以保证接缝的强度和耐久性。

（四）桥面施工与附属设施安装

拱圈施工完成后，进行桥面的铺设和附属设施的安装。桥面施工包括铺设桥面板、沥青混凝土和排水系统。桥面板通常采用钢筋混凝土结构，通过连接件与拱圈固定，确保桥面荷载能够均匀分布到拱圈上。

桥面铺设时，确保桥面板的水平度和平整度符合设计要求，并通过排水系统将雨水及时排出，避免桥面积水对行车安全和桥梁使用寿命的影响。在桥面铺设完成后，需进行沥青混凝土铺装或防水层施工，确保桥面的抗滑性能和耐久性。

附属设施包括桥梁护栏、照明设备和防护设施，护栏的安装需确保其具备足够的抗冲击能力，能够有效防止车辆冲出桥面。照明设备的布置应考虑桥梁的整体美观性和功能性，确保夜间行车的安全性。防护设施则主要用于桥梁的安全防护和环境保护，需根据桥梁的具体位置和使用要求进行设置。

拱桥的施工方法与流程是一个复杂的系统工程，涉及基础施工、拱圈施工、合龙段拼接以及桥面铺设等多个环节。通过支架法、缆索吊装法和无支架施工法等多种施工技术的合理应用，能够有效保证拱桥施工的质量和效率。在施工过程中，加强对材料、工艺和结构的质量控制，是确保拱桥长期安全运行的关键。施工单位需严格按照设计要求执行每个工序，确保工程达到预期的质量和使用效果。

三、拱桥施工中的关键技术问题

拱桥施工中的关键技术问题直接关系到桥梁的结构稳定性和使用寿命。拱桥以其特有的结构形式在市政桥梁工程中应用广泛，但由于其荷载传递方式特殊，施工过程中的技术难题较为复杂。解决这些技术问题需要结合桥梁设计要求、施工条件以及材料的特性，通过精确的施工方法和严格的质量控制，确保拱桥的安全性与耐久性。

（一）支架稳定性与变形控制

拱桥施工中最常见的技术问题之一是支架的稳定性和变形控制，由于拱桥的拱圈在施工阶段未形成整体自平衡结构，临时支架需承载拱圈的自重和施工荷载，因此支架的设计和搭设质量直接影响施工安全和拱圈的线形精度。

1. 支架设计与施工

支架的设计应根据拱桥的跨度、结构形式和施工荷载进行详细计算，确保支架在承载施工荷载时具备足够的刚度和稳定性。支架的材料多为钢管或木材，需根据具体工况选择合适的材质，并在搭设过程中严格按照设计图纸执行，确保支架的水平度和垂直度。

支架搭设完成后，进行静载和动载试验，验证其承载能力和稳定性。试验过程中，通过在支架上施加一定的荷载，检测支架的变形和受力状态，确保支架在实际施工荷载下不会发生较大变形或失稳。

2. 支架变形控制

支架在施工过程中不可避免会发生一定的变形，特别是在拱圈混凝土浇筑过程中，支架的沉降和侧向位移是需要重点控制的因素。为减小支架变形对拱圈施工精度的影响，施工单位应在支架搭设过程中采取有效的预压措施，通过施加额外荷载提前让支架发生部分变形，以减少实际施工过程中由于荷载增加引起的额外变形。

施工过程中，实时监测支架的沉降和位移情况，通过测量仪器对支架的各关键部位进行监测，并根据监测数据及时进行支架的加固和调整，确保支架的变形在允许范围内，保证拱圈的线形精度。

（二）拱圈混凝土的浇筑与温度应力控制

拱圈混凝土的施工质量直接影响拱桥的整体结构性能和耐久性，拱圈混凝土浇筑过程中的温度应力控制是施工中的一个关键问题。混凝土在硬化过程中会产生较大的温度应力，若不加以控制，导致混凝土出现裂缝，进而影响拱桥的使用寿命。

1. 混凝土浇筑工艺

拱圈混凝土的浇筑需分段进行，每段的浇筑高度应根据拱圈的设计厚度和跨度合理确定。浇筑时需确保混凝土的连续性，避免出现施工缝。为了确保混凝土的均匀性和密实度，施工过程中需采用分层浇筑和振捣技术，特别是在拱圈的关键受力部位，如拱顶和拱脚处，需加强振捣密实度，防止混凝土内部产生空隙或蜂窝状结构。

2. 温度应力控制

拱圈混凝土在硬化过程中会释放大量的水化热，特别是在大体积混凝土中，温度梯度的形成会引发较大的温度应力。为防止温度应力引起的裂缝，施工中需采取降温措施。常用的方法包括在混凝土中掺入缓凝剂、采用冰水搅拌、控制浇筑速度等方式，降低混凝土的内部温升。

混凝土浇筑完成后，立即进行覆盖养护，保持混凝土表面湿润，防止因表面失水导致的温度裂缝。在拱圈内部设置温度传感器，实时监测混凝土内部的温度变化，根据监测数据调整降温措施，确保温度应力控制在设计允许范围内。

（三）合龙段施工的精度控制

拱桥的合龙段是拱圈施工中的最后一环，其施工精度对拱圈的线形和整体受力状态有着决定性的影响。合龙段的施工通常选择在温度较为稳定的时间进行，施工前需对拱圈的两侧进行精确测量和调整，确保合龙段能够顺利拼接。

1. 合龙段的预应力控制

合龙段施工前，在拱圈的两侧设置临时支撑装置，以抵抗拱圈产生的水平推力。施工过程中，需通过调整斜撑的预应力度，确保两侧拱圈在受力状态下保持对称，并根据测量结果对拱圈进行适当的预压调整，消除由于混凝土收缩和温度变化引起的微小位移。

合龙段混凝土浇筑时，确保接缝的密实度，避免因接缝处混凝土不密实而导致拱圈局部受力不均。浇筑完成后，及时进行预应力钢筋的张拉，以均匀分布拱圈内的应力，提高拱圈的整体强度和稳定性。

2. 线形和标高控制

合龙段的施工精度对拱桥的线形和标高有着直接影响，施工前，使用全站仪或激光测量仪对拱圈的标高和线形进行精确测量，并根据测量结果对拱圈两侧进行调整。特别是合龙段施工时，确保拱圈的标高与设计值一致，避免由于高度差异引发拱圈受力不均。

合龙完成后，再次进行线形和标高的复测，确保拱桥的整体线形平顺、标高符合设计要求，合龙段施工的精度控制对于确保拱桥在长期使用中的结构安全具有重要意义。

（四）桥墩和桥台的抗推力设计

拱桥在受力时，拱圈将桥面荷载转化为水平推力和竖向压力，桥墩和桥台需要承受拱圈传递的水平推力，因此桥墩和桥台的抗推力设计是拱桥施工中的一项重要技术问题。

1. 桥墩的设计与施工

桥墩通常设计为矩形或圆形截面，其主要作用是承载拱圈传递的竖向压力和部分水平推力。桥墩的基础需根据地质条件进行设计，常用的基础形式包括桩基、沉井基础等。为了防止桥墩在受力过程中产生倾斜或位移，基础施工时需特别注意基础的承载力和稳定性，必要时需对地基进行加固处理。

在桥墩施工过程中，考虑桥墩的抗震性能，尤其是在地震多发地区，桥墩的设计具备一定的抗震能力，确保在地震作用下桥墩不会发生较大的位移或倒塌。

2. 桥台的抗推力设计

桥台的主要作用是承受拱圈产生的水平推力，桥台的抗推力设计需根据拱桥的跨度、拱圈受力情况以及地质条件进行详细计算。常见的抗推力措施包括设置抗推桩、加厚桥台基础或在桥台后侧设置反压填土等。施工过程中严格按照设计要求进行桥台基础的施工和加固，确保桥台具备足够的抗滑移和抗倾覆能力。

拱桥施工中的关键技术问题涉及支架的稳定性、拱圈混凝土的温度应力控制、合龙段的精度控制以及桥墩和桥台的抗推力设计。每一个环节都直接影响拱桥的整体结构性能和使用寿命。通过科学合理的施工方法和严格的质量控制，施工单位能够有效解决这些技术难题，确保拱桥在长期使用中的安全性和稳定性。

第二节　连续梁分类与施工方法

一、连续梁的基本概念与分类方法

在市政路桥设计与施工中，连续梁桥因其独特的力学特性与结构性能被广泛应用。连续梁桥是指在桥梁跨越多个支座时，梁体在这些支座上连续通过，形成整体性较强的结构形式。与简支梁不同，连续梁能有效分散荷载，减少支座反力和材料消耗，因而在工程实践中具备显著优势。为了合理选取并优化设计与施工方案，了解连续梁的基本概念与分类方法是至关重要的。

（一）连续梁的基本概念

连续梁桥是桥梁结构的一种重要类型，桥面上的荷载通过连续的梁体传递给多个支座，从而形成一种整体承载的体系。其核心在于梁段之间没有明显的断裂，桥梁跨越多个支座时梁体在这些支座上连续，形成一个力学上的整体。这种连续性使得桥梁在承受荷载时能够充分发挥材料的强度和刚度，减少局部的应力集中，提升桥梁的整体安全性和稳定性。

连续梁桥的主要特点在于，它能够使支座反力更均匀地分布到各个支点上，从而减少单个支点承受的集中荷载。连续梁的跨中弯矩相对较小，材料可以更加合理地分配，从而提高桥梁的经济性。此外，连续梁结构在抗震性能上也具有优势，因为其整体性较强，能有效抵抗地震引起的结构震动和变形。

（二）连续梁的分类方法

1. 按梁体结构形式分类

按照梁体的结构形式，连续梁可分为钢结构连续梁、钢筋混凝土结构连续梁以及预应力混凝土结构连续梁。这三类连续梁由于材料特性不同，各自具有独特的性能与应用场景。

钢结构连续梁：这种连续梁桥的梁体主要由钢材构成，具有较高的强度和延性，能够在大跨径桥梁中发挥优势。由于钢材自重轻且加工容易，钢结构连续梁常用于需要较长跨径的桥梁。然而，钢材的耐腐蚀性较差，因此通常需要采取防腐措施。

钢筋混凝土结构连续梁：采用钢筋混凝土作为梁体材料，这种连续梁的造价相对较低，施工工艺较为成熟，适用于中小跨度的桥梁项目。钢筋混凝土的抗压强度较高，且材料相对经济，但在施工过程中需要注意混凝土的养护与浇筑质量。

预应力混凝土结构连续梁：这种连续梁通过在混凝土中施加预应力，提升了材料的抗拉能力，适合长跨度桥梁的建设。预应力混凝土结构连续梁在受力性能和耐久性上表现出色，但其施工复杂度较高，需要专业的技术与设备。

2. 按支座形式分类

连续梁桥还可以按照支座形式进行分类，常见的有固支式连续梁和滑动支座连续梁。

固支式连续梁：这种桥梁结构在支座处为固定连接，支座之间不能发生相对位移。固支式连续梁的结构刚度较大，适合桥梁的刚性要求较高的场合。然而，由于支座固定，温度变化和支座沉降引起较大的内力变化，因此需要采取措施减小结构的温度效应和变形影响。

滑动支座连续梁：在这种结构中，部分支座允许梁体发生一定的滑动，以适应温度变化和桥梁伸缩的需求。滑动支座能够有效减少温度变化对梁体的影响，但其相对固定支座而言刚度较低，适合用于地震活动较频繁的地区，或者桥梁自重较大时需要减轻支座的应力。

3. 按施工方法分类

根据不同的施工条件和技术手段，连续梁的施工方法可分为支架现浇法、悬臂拼装法和移动模架法。

支架现浇法：这种方法是在桥梁的下部结构搭设临时支架，然后在支架上浇筑梁体混凝土。支架现浇法的优点在于施工简便，适用于桥下施工条件较好且高度较低的场景。但支架的搭设成本较高，且对于跨越较大水域或深谷的桥梁项目不太适用。

悬臂拼装法：该方法主要用于大跨径桥梁的施工，通过从桥墩处逐段悬臂拼装梁体结构。此方法可以有效减少对下部结构的依赖，特别适用于桥下有深水或交通流量较大的区域。悬臂拼装法的施工难度较大，要求高精度的施工技术和设备，但其适用范围广，能够有效解决一些复杂施工条件下的桥梁建设问题。

移动模架法：这种方法利用专门的移动模架设备，将模架沿着桥梁轴线逐段移动，进行连续梁的分段施工。移动模架法的优势在于其施工速度较快，适用于大批量的桥梁施工工程。其主要应用于高速公路或铁路桥梁建设中，能够有效提升施工效率，降低成本。

无论是从结构形式、施工方法还是材料的选择上，连续梁都有其独特的优势，能够满足不同工程的需求。它凭借着出色的力学性能、较强的跨越能力和经济性，在现代桥梁设计与施工中占据着重要地位。在实际工程应用中，工程师应根据具体的施工环境、项目要求和经济条件，合理选择连续梁的类型和施工方法，确保桥梁的质量与安全，同时优化成本与施工周期。

二、连续梁的施工方法与技巧

在市政路桥建设中，连续梁桥的施工具有极高的技术要求和复杂性。为了确保工程质量和施工安全，合理选择施工方法并掌握相关施工技巧是至关重要的。由于连续梁桥跨度较大、结构复杂，在施工过程中不仅需要考虑荷载的分布，还需要对施工中的临时结构进行充分的设计与优化。

（一）支架现浇法

支架现浇法是一种传统的连续梁施工方法，其主要原理是在桥梁下部结构上搭设临时支架，然后在支架上浇筑梁体混凝土。该方法广泛适用于高度较低、桥下施工条件良好的工程项目，特别是在跨越中小跨度的桥梁中表现较为出色。

在支架现浇法的具体施工过程中，确保支架搭设的稳定性和承载能力。支架的稳定性直接关系到施工过程中混凝土浇筑的安全，因此在搭设过程中应进行严格的计算与测试，确保支架能够承受浇筑时的混凝土重量及施工荷载。支架的安装位置和高度根据设计图纸进行准确测量，以保证梁体浇筑后的高度和形状符合设计要求。

混凝土浇筑过程中，施工人员确保混凝土的连续浇筑，避免施工缝的产生。严格控制混凝土的配比和浇筑温度，以防止由于温度应力引起的裂缝。为了提高施工效率，支架现浇法通常适用于多个跨径的连续施工，但在实际操作中需根据桥梁的结构特点进行灵活调整。

（二）悬臂拼装法

悬臂拼装法是一种适用于大跨径连续梁桥的施工方法，通常用于桥下不便设置支架的情况下，跨越深水河流、峡谷或高速公路等。该方法通过在桥墩上逐段拼装梁体结构，形成悬臂式施工，逐步延伸到各个支座之间，直到桥梁闭合。

在悬臂拼装法的具体操作过程中，安装施工吊装设备，确保梁段能够被精确运输至指定位置。梁段的吊装位置必须经过精确测量，确保各个梁段在拼装时能够平稳连接。悬臂拼装法对梁体的结构强度要求较高，施工时充分考虑施工荷载和自重的影响，避免产生过大的应力集中。

为了提高施工精度，悬臂拼装法通常采用预制梁段，然后在现场进行拼装。预制梁段时应特别注意质量控制，确保梁段尺寸与设计一致，并采用高精度的拼装设备，使各段梁体能够无缝对接。由于施工过程中存在一定的偏差，施工人员应随时对拼装过程中的梁段进行测量和调整，以确保桥梁最终结构的平整度和稳定性。

（三）移动模架法

移动模架法是一种高效的连续梁施工方法，主要应用于长距离、多跨径的桥梁工程中。该方法通过使用专门设计的移动模架设备，逐段浇筑梁体混凝土，模架沿着桥梁轴线移动，完成整个桥梁的施工。由于移动模架法施工速度快，适用于大批量施工，常用于高速公路或铁路桥梁建设。

移动模架法的关键在于模架的设计与运行，模架不仅要具备足够的承载能力，还需要保证在移动过程中能够平稳运行，避免对已经浇筑的梁段产生影响。在模架安装之前，施工人员需对模架的滑移轨道进行精准布置，确保模架在浇筑过程中能够准确对位。在模架的移动过程中，严格控制浇筑的顺序和节奏，避免因混凝土凝固时间不一致而产生的施工缺陷。

该方法对施工设备的依赖较大，通常需要配备自动化的混凝土输送和浇筑系统，以确保混凝土的均匀浇筑。在施工过程中，移动模架法能够显著提升施工效率，尤其在跨越大量桥墩的连续梁施工中，能够节省支架搭设时间，降低施工成本。

（四）顶推施工法

顶推施工法是近年来在连续梁桥施工中广泛应用的一种方法，适合桥下有障碍物或无法搭设支架的情况。该方法通过在桥梁两端或一侧预制梁体，然后将梁体逐步顶推到设计位置，从而完成连续梁的施工。

顶推施工法的关键在于梁体的顶推装置设计，梁体顶推过程中应确保顶推装置具有足够的推力，同时要合理分配推力，以避免梁体在推移过程中产生弯曲或变形。为了减少梁体在推移过程中的摩擦力，施工人员通常在支座处铺设低摩擦材料或安装滚轴，从而使梁体能够平稳滑动。在实际施工中，顶推施工法进行多次的顶推操作，每次顶推的长度应根据现场条件和设备能力确定。在梁体推移到指定位置后，对支座进行调整和固定，以确保梁体的最终定位准确无误。由于顶推施工法的技术含量较高，施工人员需密切监控梁体的推移过程，确保梁体在推移过程中不发生位移偏差。

（五）平衡悬臂浇筑法

平衡悬臂浇筑法适用于跨径较大的桥梁工程，特别是当桥下条件复杂，无法搭设支架时。该方法通过在桥墩处对称地悬臂浇筑梁体，逐步平衡各侧的重量，直至梁体最终合拢。

平衡悬臂浇筑法的关键是保持梁体在浇筑过程中两侧的平衡，由于浇筑的梁体悬空，任何一侧的超载或不均匀浇筑都会导致梁体发生倾斜或变形。施工人员在浇筑时，根据设计要求严格控制混凝土的重量和浇筑速度，确保两侧梁体的受力均匀。平衡悬臂浇筑法还需要对梁体的刚度进行充分计算，防止在浇筑过程中产生过大的挠度或裂缝。在浇筑完成后，对梁体进行加固，确保梁体的受力状态符合设计要求。该方法适用于水下结构较深或桥梁高度较大的工程，能够有效减少支架搭设的成本和难度。

（六）施工过程中的质量控制与安全管理

无论采用哪种连续梁施工方法，施工过程中的质量控制与安全管理都是不可忽视的环节。施工前，必须进行充分的施工技术交底，确保所有施工人员对施工方案、施工方法和安全要求有全面的了解。在施工过程中，需对各个工序进行严格的质量检测，尤其是梁体浇筑过程中的混凝土质量、浇筑速度、养护情况等，直接影响桥梁的最终质量。为了确保施工安全，现场配备必要的安全设施，施工人员应遵守安全操作规程，避免高空作业中的意外发生。连续梁桥施工中的设备调试、荷载试验等环节也严格按照规范执行，确保桥梁结构在施工过程中保持稳定。

连续梁桥的施工方法多种多样，支架现浇法、悬臂拼装法、移动模架法、顶推施工法和平衡悬臂浇筑法各有特点，适用于不同的桥梁结构和施工条件。每种方法在实际应用中都需要根据具体的工程环境进行优化，掌握施工技巧是确保工程质量和施工效率的关键。在市政路桥工程中，选择适合的施工方法并有效实施，不仅能够提升桥梁的整体性能，还能在施工中节省成本，确保施工的安全性与可操作性。

第三节　大跨度变截面连续梁施工

一、大跨度变截面连续梁的基本概念与特点

大跨度变截面连续梁桥是市政桥梁工程中常见的桥梁结构类型之一，广泛应用于跨越河流、山谷或交通繁忙路段的工程项目。与普通连续梁相比，大跨度变截面连续梁在结构设计上具备显著特点，其梁体截面沿桥梁长度方向根据受力要求发生变化，能够更好地适应不同的受力条件。为了充分理解这种桥梁的结构特性，了解其基本概念与特点是桥梁设计与施工的关键。

（一）大跨度变截面连续梁的基本概念

大跨度变截面连续梁是指桥梁跨径较大且梁体截面沿桥长方向发生变化的连续梁桥结构。这种设计不仅能够有效应对不同位置的荷载需求，还能够通过合理调整截面尺寸减少材料用量，提升结构的经济性与承载能力。

在变截面设计中，桥梁的跨中截面通常较大，支座附近截面较小，以适应跨中区域的较大弯矩和支座处较小的弯矩。在桥梁跨越较大跨度时，跨中区域通常承受的弯矩最大，因此需要较大的截面来抵抗弯曲应力，而支座处由于支撑作用，受力相对较小，采用较小的截面尺寸。这种设计不仅能够优化材料分配，还能够减少桥梁自重，从而提升桥梁的经济性与施工可行性。

大跨度变截面连续梁的整体性较强，能够有效分散荷载，减少支座反力集中。在实际工程中，大跨度变截面连续梁通常采用预应力混凝土、钢结构

214

或组合结构，以提升结构的强度与稳定性。这种桥梁结构的设计需要充分考虑各个截面处的受力情况，确保桥梁在长期使用中能够保持良好的性能。

（二）大跨度变截面连续梁的特点

1. 结构优化与受力合理

大跨度变截面连续梁的显著特点在于其结构优化，截面尺寸随受力条件变化而调整。这种设计能够在保证结构安全的前提下有效减少材料的使用，提升经济性。在跨中区域，弯矩较大，需要较大的截面来抵抗弯曲力矩；而在支座区域，由于弯矩较小，截面尺寸可以相应减少。这种截面变化设计能够充分利用材料的强度，避免资源浪费。

变截面设计能够有效控制桥梁的自重，特别是在大跨度桥梁中，自重是影响结构设计的一个重要因素。通过减小支座处的截面尺寸，能够降低桥梁自重，减轻支座反力，使桥梁的整体结构更加平衡和经济。变截面设计还能够减少结构中的内力集中现象，提升桥梁的抗震性能和耐久性。

2. 施工难度较大，技术要求高

模板和支架的复杂性：由于梁体截面沿桥长方向发生变化，施工时需要根据不同的截面尺寸设计相应的模板和支架。特别是在跨中和支座区域的过渡段，模板的变化需要非常精确的调整，以确保梁体浇筑后的形状符合设计要求，对施工技术的精度提出了较高要求。

混凝土浇筑的复杂性：变截面梁体的浇筑不同于普通梁体，由于截面尺寸的变化，混凝土的浇筑量和浇筑顺序需要根据具体情况进行调整。为了避免混凝土收缩和温度裂缝，施工时需要特别注意混凝土的配比和浇筑速度，确保浇筑过程中混凝土能够均匀分布，避免出现浇筑缺陷。

预应力的布置和控制：在大跨度变截面连续梁中，预应力的布置是一个关键环节。预应力筋的布置根据梁体的截面尺寸和受力情况进行调整，确保梁体在使用过程中能够抵抗外部荷载引起的变形和应力。预应力的张拉顺序和张拉力的控制也对施工质量有重要影响，需要在施工过程中严格执行设计要求。

3. 整体性强，抗震性能优越

大跨度变截面连续梁的整体性较强，其梁体在跨越多个支座时能够形成一个完整的结构系统。与简支梁相比，连续梁桥的整体性能够有效分散荷载，减少局部应力集中现象，从而提高桥梁的承载能力和稳定性。在地震多发地区，连续梁桥因其良好的抗震性能而得到广泛应用。变截面设计的连续梁桥能够在地震中保持结构的整体性，避免因支座破坏或局部变形而引起的桥梁倒塌或损坏。

变截面设计能够通过合理调整截面尺寸，提升桥梁的抗震能力。在跨中区域加大截面尺寸，能够有效提升桥梁的抗弯刚度，减少地震引起的结构变形。而在支座处减小截面尺寸，则能够通过增加柔性，减少地震对支座区域的冲击力，从而提升桥梁的抗震性能。

4. 维护与养护要求较高

大跨度变截面连续梁由于结构的复杂性和跨度较大，在后期维护与养护方面的要求也较高。梁体截面尺寸的变化使得受力情况更加复杂，特别是在支座附近和跨中区域的过渡段，定期进行结构健康监测，以确保桥梁在使用过程中保持良好的受力状态。由于大跨度变截面连续梁通常采用预应力结构，预应力筋的长期性能和混凝土的徐变效应对桥梁的稳定性有较大影响。在桥梁使用过程中，对预应力筋的张拉力进行定期检测，并对混凝土的收缩和徐变进行评估，确保桥梁结构在长期荷载作用下不发生过大的变形和应力变化。

大跨度变截面连续梁桥在市政桥梁工程中具有重要的应用价值，其基本概念和特点在桥梁设计与施工中起到了关键作用。通过合理调整梁体截面尺寸，变截面设计能够有效优化结构受力，提升桥梁的经济性和稳定性。由于其结构的复杂性，大跨度变截面连续梁的施工难度较大，对施工技术和质量控制提出了较高要求。在实际工程中，施工单位需严格按照设计要求进行施工，确保桥梁的质量和使用寿命。后期的维护与养护工作也不可忽视，需定期对桥梁进行结构监测，以保障桥梁的安全与稳定性。

二、大跨度变截面连续梁的施工方法与流程

大跨度变截面连续梁施工是市政桥梁工程中的重要组成部分。与普通连续梁相比，大跨度变截面连续梁因其结构复杂、跨度大，在施工方法和流程上要求更高。为了确保施工质量和安全，必须对施工过程中的每一个环节进行严格把控。

（一）支架现浇法施工

支架现浇法是一种常用的大跨度变截面连续梁施工方法，特别适用于桥梁高度适中且桥下施工环境较为理想的工程项目。该方法通过搭设临时支架来支撑梁体，然后在支架上现浇混凝土，逐段完成梁体施工。

1. 支架搭设

支架搭设是支架现浇法的第一步，支架的稳定性和承载能力直接影响整个施工过程的安全。施工过程中需要对支架进行严密的设计和计算，以确保其在承受梁体重量和混凝土浇筑过程中不会出现变形或失稳。支架的高度和位置必须与设计图纸完全一致，以确保浇筑后梁体的几何尺寸符合要求。

2. 模板安装

模板的安装也是支架现浇法中的重要步骤，由于大跨度变截面梁体的截面尺寸不一致，模板的安装要根据不同截面的形状和尺寸进行相应调整，特别是在跨中和支座处的截面变化处，模板必须进行精确布置，以确保浇筑后梁体表面平整，形状符合设计要求。

3. 混凝土浇筑

当支架和模板准备就绪后，即可开始进行混凝土浇筑。浇筑过程中要确保混凝土均匀布满整个模板，防止产生空隙和蜂窝状结构。严格控制混凝土的浇筑速度和温度，避免因混凝土膨胀或收缩导致裂缝的产生。在施工中还需安排养护，确保混凝土强度的逐步增长。

4. 拆模与支架拆除

混凝土达到设计强度后，便可进行拆模和支架拆除操作。拆模时应特别注意支座处和跨中大截面区域的表面平整度，防止模板脱落导致混凝土损

伤。拆模完成后，对梁体表面进行检查，确认是否存在裂缝或其他缺陷。如果发现问题，应及时进行修补和加固。

（二）悬臂浇筑法施工

悬臂浇筑法是适用于桥下无法搭设支架或桥梁跨度较大的施工方法，常用于跨越深水、山谷或公路的桥梁工程中。该方法通过在桥墩上安装挂篮设备，逐段悬臂向外浇筑梁体直至跨中合拢。

1. 挂篮安装与调试

悬臂浇筑法的第一步是挂篮设备的安装，挂篮是一种能够在梁体上支撑模板和混凝土的施工平台，安装时必须严格按照设计图纸进行定位，确保挂篮的中心轴线与桥梁的轴线重合。挂篮调试过程中需要检查其运行的平稳性和承载能力，确保在浇筑过程中挂篮不会发生晃动或下沉。

2. 分段浇筑与张拉

悬臂浇筑法通常将梁体分为若干段进行浇筑，每段浇筑完成后需进行预应力张拉，以确保梁体在浇筑过程中的稳定性。浇筑时应按照"对称、平衡"的原则，保证两侧的悬臂长度和重量一致，避免梁体发生倾斜。张拉过程中应严格控制预应力的施加顺序和张拉力，以保证梁体截面的受力状态符合设计要求。

3. 合拢段施工

当梁体逐段向跨中浇筑时，最后一步是合拢段的施工。合拢段是整个梁体最关键的部分，施工时需要确保梁体的平整度和密封性，避免产生施工缝。合拢段通常采用双侧同步施工，以避免因梁体不均匀受力导致的变形和开裂。

4. 挂篮移动与重复施工

每段梁体浇筑完成后，挂篮需要移动至下一段的施工位置，继续进行浇筑作业。挂篮的移动应在专业技术人员的指导下进行，确保移动过程中设备平稳，避免对已浇筑段梁体产生应力影响。随着挂篮的不断移动，整个梁体将逐步成型，直至跨中合拢完成。

（三）顶推施工法

顶推施工法适用于桥下障碍物较多或地形复杂，无法搭设传统支架的桥梁施工环境。该方法通过在桥梁两端预制梁体，并逐段将梁体顶推至设计位置。

1. 预制梁段

顶推施工法的首要任务是预制梁段，由于梁体截面变化，预制梁段时应根据设计要求进行分段生产，确保各段梁体的尺寸、强度符合标准。预制过程中应对混凝土的配比、振捣、养护等进行严格控制，确保每段梁体的质量达到要求。

2. 顶推设备安装与梁体滑移

梁体预制完成后，将顶推设备安装在桥梁的起始端，通过液压顶推装置逐段将梁体推送至支座位置。顶推过程中，梁体的滑移轨道必须保持水平，以避免梁体发生偏移或倾斜。推送时确保各段梁体间的连接紧密，避免因梁段之间的不连续性导致结构问题。

3. 支座安装与梁体调整

当梁体滑移至设计位置后，需要对支座进行安装和调整。支座的安装必须精确到毫米级别，以确保梁体受力均匀。在调整过程中，施工人员需对梁体的高度和水平度进行复核，确保梁体最终位置与设计图纸一致。

4. 验收与结构检测

顶推施工法完成后，对整个梁体进行结构检测和验收。检测项目包括梁体的平整度、梁段之间的连接质量、支座的承载能力等，确保梁体能够承受实际使用中的荷载。

（四）平衡悬臂拼装法

平衡悬臂拼装法适用于跨越大跨度、且桥下施工条件复杂的连续梁桥施工。该方法通过在桥墩两侧对称地进行拼装，确保梁体两侧重量平衡。

1. 桥墩施工与挂篮安装

拼装施工前需要完成桥墩的施工，并在桥墩顶部安装挂篮设备。挂篮作为拼装平台，安装时需确保其中心线与桥梁轴线完全重合。

2. 梁段预制与吊装

梁段预制时需根据变截面的设计要求进行生产，保证预制梁段的尺寸和强度符合规范。梁段预制完成后，通过吊装设备将其逐段吊装到桥墩顶部挂篮上，拼装时需确保梁段之间的连接精度。

3. 对称拼装与张拉

拼装过程中应遵循对称拼装的原则，确保两侧梁段的重量和长度保持一致，防止因重量不均导致的梁体倾斜。拼装完成后，对每段梁体进行预应力张拉，以增强梁体的抗弯性能和整体稳定性。

大跨度变截面连续梁的施工方法多种多样，支架现浇法、悬臂浇筑法、顶推施工法和平衡悬臂拼装法各有特点，适用于不同的施工环境和桥梁结构。每种方法在具体实施中都需要根据桥梁的结构特点和现场施工条件进行优化调整。施工过程中，严格的质量控制和技术管理是确保大跨度变截面连续梁施工成功的关键。各环节的精确施工和有效衔接，不仅能够提升工程质量，还能确保桥梁的长期使用安全与稳定。

结　语

　　《市政路桥设计与工程施工研究》一书通过系统梳理市政道路与桥梁的设计与施工理论，结合实际工程，从多个层面探讨了市政路桥工程的规划、设计、施工与管理。本书从市政路桥基础知识的介绍开始，逐步深入至市政道路网规划与设计、主次干路及支路的具体设计细节、桥梁设计要点及相关施工技术，为读者提供了一个全面而深刻的市政路桥工程知识体系。

　　在市政路桥设计与施工的过程中，基础设计是整个工程的根基。无论是市政道路的平面、纵断面、横断面设计，还是无障碍步道体系的规划与设计，都体现了现代城市交通系统的复杂性与多样化需求。尤其是在市政道路网规划中，城市的发展要求通过科学合理的规划，最大化地发挥路网的通行效能和社会经济效益。本书的编写不仅仅是对现有市政路桥工程技术的总结，更是对未来市政路桥设计与施工发展的展望。随着新材料、新工艺和新技术的不断涌现，市政路桥工程的未来充满了创新与挑战。尤其是在城市快速扩展的背景下，如何在保障交通功能的同时，提升市政路桥工程的可持续性和智慧化，是摆在每一位工程从业者面前的重要课题。

　　市政路桥设计与施工是一项涉及多学科、多领域的综合性工程，需要设计人员、施工人员和管理人员的紧密协作。本书试图为读者提供一个系统的学习和参考平台，希望通过对市政道路与桥梁设计、施工技术的深入剖析，能够帮助相关从业者提高专业水平，并为未来市政基础设施建设提供智力支持。

　　在结束本书时，希望读者通过对本书的学习，不仅能在理论层面上获得提升，更能在实际工程项目中灵活应用所学知识，为市政路桥工程的建设贡献自己的力量。市政路桥工程的发展，需要更多富有创新精神和实践经验的技术人员共同推动。相信通过不断的探索和实践，市政路桥工程在未来会取得更加辉煌的成就，成为推动城市发展的坚实基石。

参考文献

［1］王志群. 海绵城市理念融入市政路桥设计的路径［J］. 建筑设计与研究，2024，5（4）.

［2］Wan M. Design Strategy of Municipal Roads and Bridges Using BIM Technology［J］. Journal of World Architecture，2024，7（6）：64－69.

［3］肖桂丹. 市政路桥设计中 BIM 技术的实践思考［J］. 智能建筑与智慧城市，2023，（11）：82－84.

［4］邱昱晨. BIM 技术在市政路桥设计中的运用与实践［J］. ART AND DESIGN，2023，1（3）.

［5］邱学敏. 海绵城市理念融入市政路桥设计的路径［J］. 工程建设与设计，2023，（20）：57－59.

［6］邱学敏. 市政路桥中的安全性与耐久性设计［J］. 中国高新科技，2023，（20）：73－74＋77.

［7］牛亚婷，杜德志. 市政路桥设计中 BIM 技术的应用研究［J］. 建筑与施工，2023，2（6）：4－5.

［8］黎婧. 安全性与耐久性在市政路桥设计中的重要性分析［J］. 中华建设，2022，（12）：89－91.

［9］何鹏，周东平，张吉发. 市政公路桥梁设计中的安全性和耐久设计探讨［J］. Art and Design，2022，1（11）：7－9.

［10］黎婧. 海绵城市理念在市政路桥设计中的渗透［J］. 城市建设理论研究（电子版），2022，（32）：46－48.

［11］陈惠水. 市政路桥设计中的安全性和耐久性分析［J］. 四川建材，

2022，48（11）：225－227.

[12] 郑捷敏. 市政路桥建设中的沉降段路基路面施工工艺 [J]. 中国新技术新产品，2022，（18）：105－107.

[13] 林友伟. 城市市政路桥线形设计应用 [J]. 散装水泥，2022，（01）：153－155.

[14] 黄少文. 市政路桥加固改造的设计要点分析 [J]. 工程技术研究，2021，6（22）：273－274.

[15] 汤龙生. BIM 技术在市政路桥设计中的应用 [J]. 江西建材，2021，（09）：144－145.

[16] 刘海强. 基于 3D Experience 的市政路桥 BIM 正向设计解决方法思考 [J]. 市政技术，2021，39（03）：150－152.

[17] 黄志刚. 市政路桥加固与改造设计要点 [J]. 工程建设与设计，2021，（01）：93－95.

[18] 樊甘露，唐世娇. 临汛大堤市政桥梁承台深基坑设计与施工技术 [J]. 建筑技术开发，2020，47（21）：43－45.

[19] 李元乾. 市政路桥设计与质量控制要点分析 [J]. 运输经理世界，2020，（11）：48－49.

[20] 林玉琳. 市政路桥设计中的安全性和耐久性探析 [J]. 江西建材，2020，（08）：57＋59.

[21] 韩富强. 市政路桥加固与改造设计要点 [J]. 工程技术研究，2020，5（13）：222－223.

[22] 王潇. 市政路桥设计中 BIM 技术的应用 [J]. 科技创新与应用，2020，（15）：84－85.

[23] 梁丹. 市政路桥线形设计的应用研究 [J]. 城市建筑，2020，17（14）：179－180.

[24] 李海芹. 市政路桥加固改造的设计要点研究 [J]. 建材与装饰，2020，（06）：254－255.

[25] 田守伟. 市政路桥加固改造的设计要点研究 [J]. 工程技术研究，

2019，4 (16)：194－195.

[26] 朱木发. 浅析市政路桥设计控制要点 [J]. 河南建材，2018，(04)：253－254.

[27] 熊朝国. 论如何提高市政路桥工程施工的质量管理 [J]. 工程技术研究，2017，(12)：166＋177.

[28] 付强. 影响市政路桥设计的因素分析 [J]. 黑龙江科技信息，2017，(11)：180.

[29] 袁斌. 浅析市政路桥施工图设计文件审查过程控制 [J]. 低碳世界，2017，(03)：192－193.

[30] 林方乔. 市政路桥损坏修复技术分析 [J]. 企业技术开发，2016，35 (15)：20－21.